JEDEN TAG

KONRAD BLASER

© 2023 by Konrad Blaser
www.konrad-blaser.com

Die Deutsche Nationalbibliothek verzeichnet diese Publikation in der Deutschen National-
bibliografie; detaillierte bibliografische Daten sind im Internet über www.dnb.de abrufbar.

Alle Bibelübersetzungen wurden mit freundlicher Genehmigung der Verlage verwendet.
Hervorhebungen einzelner Wörter oder Passagen innerhalb von Bibelzitaten wurden vom
Autor vorgenommen.

GNB   Gute Nachricht Bibel, © 2000 Deutsche Bibelgesellschaft Stuttgart.

HFA   Hoffnung für alle, © by Biblica, Inc.®, hrsg. von Fontis.

LUT   Lutherbibel, revidiert 2017, © 2016 Deutsche Bibelgesellschaft Stuttgart.

NGÜ   Neue Genfer Übersetzung, © 2011 Genfer Bibelgesellschaft.

NLB   Neues Leben Bibel, © 2017 SCM R.Brockhaus, Witten.

Gestaltung und Satz: KALCHOFEN Media, www.kalchofen-media.ch

1. Auflage 2023

© 2023 HOPE & LIFE CHURCH
Paperback: ISBN 978-3-9525510-2-8
Nachdruck und Vervielfältigung, auch auszugsweise, nur mit Genehmigung des Verlages.

books.hopeandlife.church

Inhalt

GUTEN MORGEN

»Ich bin gewollt, geschaffen mit einem Plan, kreiert, um mit meinem Leben einen Unterschied auf dieser Welt zu machen. Gott hat alles in mich hineingelegt, was ich für ein gesegnetes und erfülltes Leben brauche.«

Morgenstund hat Gold im Mund.

Wissenschaftliche Studien haben ergeben, dass unsere Einstellung, unsere Sichtweise und unser Selbstbild eine viel größere Auswirkung auf unseren Erfolg haben als unsere Ausbildung, unser IQ, unser Wissen und unser Können. Das bedeutet, du kannst sehr talentiert sein und über ein großes Potential verfügen – wenn du dazu aber eine negative Einstellung hast, wird dich diese davon abhalten, in deinem Leben viel zu erreichen. Wir investieren so viel Zeit in unser Aussehen, in unseren Körper, in unsere Ausbildung und unsere Karriere. Wir essen gesund, treiben regelmäßig Sport und bemühen uns, immer die angesagteste Kleidung zu tragen. Daran ist nichts auszusetzen. Doch meine Frage am Anfang dieses Buches lautet: Wenden wir ebenso viel Zeit – oder noch mehr – dafür auf, in unsere innere Haltung und in unsere Einstellung zu investieren? Denn auch schöne Kleidung kann eine schlechte Einstellung nicht dauerhaft verstecken. Selbst hinter einem schönen Gesicht können sich Bitterkeit, Stolz, Eifersucht oder andere negative Eigenschaften verbergen.

Ich möchte dich mit diesem Buch ermutigen, auf dein Inneres, deine Seele und die Beziehung zu deinem Gott zu schauen.

Ich möchte dich ermuntern, in deine inneren Werte und deinen Charakter zu investieren. Lass mich dir eine Vision geben oder, besser gesagt, ein Bild davon malen, wie genial, inspirierend und erfüllend unser Leben aussehen kann, wenn wir es schaffen, unsere Prioritäten in der richtigen Reihenfolge zu setzen, mit den ersten Gedanken des Morgens unseren Tag positiv beeinflussen und dann erleben, wie Gott uns mit Wundern und seinem Segen überraschen wird, jeden Tag von neuem!

Petrus ermutigt uns in der Bibel folgendermaßen:

Eure Schönheit soll von innen kommen! Ein freundliches und ausgeglichenes Wesen ist euer unvergänglicher Schmuck. Das ist es, was Gott als wirklich kostbar ansieht.

1. Petrus 3,4 HFA

Wir lesen in der Bibel, dass unsere Leistung für Gott nicht entscheidend ist; ebenso wenig unsere Herkunft, unsere Familie, unser Erfolg sowie all das, was wir für ihn schon erreicht und bewegt haben. **Gott schaut auf unsere Herzen, nicht auf unser Versagen, aber auch nicht auf unser Gewinnen.** Ihm ist wichtig, wie wir mit all dem umgehen, was uns widerfährt.

Wie sieht unser Herz aus? Ehren wir Gott auch in den dunklen Tälern unseres Lebens? Schaffen wir es, immer wieder aufzustehen, weiterzugehen und unseren Glauben an Gott nicht aufzugeben? Wenn ja, werden wir auch in den Momenten des Sieges, des Erfolges, der Wunder und der Durchbrüche nicht stolz werden. Wir wissen, dass wir alles Gott zu verdanken haben. Gott schaut auf unser Inneres. Er schaut auf unseren Glauben und darauf, ob wir ihn trotz allem nicht aufgeben, sondern vom Besten ausgehen. Er schaut auf unsere Hoffnung und darauf, ob wir sie trotz allem nicht verlieren, sondern die Freude behalten können. Er schaut auf unsere Treue und darauf, wie wir im Verborgenen mit Zerbruch, Verlust und Nöten umgehen. Er schaut hinter unsere Fassade, denn ihn interessieren weder unser frommes Geschwätz noch stundenlange Gebete oder unsere menschlichen Versuche, ihm zu gefallen.

Gott ist an deinem Herzen interessiert.

An einem Herzen, das ehrlich sucht. Einem Herzen, das ehrlich zweifelt. Einem Herzen, das keine Show mehr abzieht, sondern echt ist. Einem Herzen, das an Gott festhält und all seine Hoffnung aus der tiefen Begegnung mit ihm herausholt. Einem Herzen, das ist, wie es ist, und trotz all der Dunkelheit, Verzweiflung und Angst die Hoffnung auf ein Wunder und einen Durchbruch nicht aufgibt.

Ich weiß, unserem Herzen, unserem »Inneren«, stellen wir uns eigentlich nicht so gerne, weil es schmerzen kann. Weil es uns hilflos erscheinen lässt. Weil es uns die Kontrolle über uns selbst entreißen kann. Doch eines möchte ich dir schon zu Beginn dieses Buches versprechen:

Wenn wir uns Gott mit all unseren Fragen, Nöten, Sünden und unserer Verzweiflung stellen, wird er uns nicht verurteilen.

Gott wird sich zu uns stellen. Gott wird uns schützen und niemals bloßstellen. Gott wird sich finden lassen. Von dir und mir, immer und immer wieder, und dies jeden Tag **von neuem**.

Darum, suche Gott. Jeden Tag aufs Neue und gleich als Erstes, bevor die Sorgen kommen, bevor die Nöte dein Herz füllen und Ängste den Ton und Rhythmus deines Alltages vorgeben.

Mir ist noch gut das Lied von Jürgen von der Lippe im Gedächtnis, der 1987 im Radio trällerte:»Guten Morgen, liebe Sorgen, seid ihr auch schon alle da? Habt ihr auch so gut geschlafen? Na dann ist ja alles klar!«

Ich erinnere mich noch heute, mehr als 30 Jahre später, an diese Zeilen. Ich schätze deshalb, weil sie einfach so treffend sind. Wenn wir nicht selbst festlegen, welche Gedanken unseren Tag bestimmen und mit welcher Haltung wir in den Tag starten, warten da am Bettrand automatisch all unsere Sorgen, Nöte, Umstände, Ängste, all der Stress und all die Fragen auf uns, um uns wieder zu packen, einzunehmen und die Richtung unseres Lebens zu bestimmen. Wenn wir morgens aufwachen, ist es so wichtig und matchentscheidend, mit welchen Gedanken wir in den Tag starten: Sind es die negativen, die am Bettrand auf uns lauern, oder die positiven, göttlichen, auf die wir uns durch eine bewusste Entscheidung fokussieren?

Auch der Apostel Paulus ermutigt uns, den Tag mit Gott zu starten und all die guten und positiven Eigenschaften, die wir in der Bibel finden, anzunehmen:

Darum kleidet euch nun in tiefes Mitgefühl, Freundlichkeit, Bescheidenheit, Rücksichtnahme und Geduld.
Kolosser 3,12b NGÜ

Ich liebe es, wie Paulus schreibt:»Kleidet euch ...« Mit anderen Worten sagt er:»Zieht jeden Tag von neuem Mitgefühl, Freundlichkeit, Bescheidenheit, Rücksichtnahme und Geduld an.« Wie ein Kleidungsstück, das wir jeden Morgen anziehen, sollten wir jeden Tag eine frische, positive und göttliche Haltung einnehmen.

Ich erinnere mich noch gut, wie ich als junger Vater jeweils einmal in der Woche einen »Papatag« hatte, an dem mich meine Frau dem Schicksal und den Kindern überließ. Das waren zwar immer geniale, aber auch herausfordernde Tage. Nachdem meine Frau die Tür hinter sich geschlossen und ich den Tag mit einem Stoßgebet begonnen hatte, stand als Erstes auf der Tagesordnung: Kinder wettergerecht anziehen! Nachdem ich das Wetter in all seinen Facetten studiert hatte, begab ich mich jeweils ins Kinderzimmer und überlegte mir sehr genau, welche Kleidung nun am besten passen würde und den Rest des Tages über nicht mehr gewechselt werden müsse. Denn jedes Umziehen war mit Stress und großer Überzeugungsarbeit verbunden. Doch die noch größere Herausforderung entstand dann, wenn die Kids nicht glauben wollten, dass ich die für das Wetter optimale Kleiderauswahl getroffen hatte und unbedingt etwas in meinen Augen Unpassendes anziehen wollten.

Wie ich als Vater das Beste für meine Kinder auswählte, so hält auch unser himmlischer Vater jeden Tag Kleidung bereit, die er für uns ausgesucht hat und mit der er uns einkleiden möchte. Dabei handelt es sich um Haltungen und Einstellungen, die wir ganz bewusst anziehen und die uns schützen, uns helfen und uns neue Türen öffnen werden. Es sind die Kleider, die aus den Wahrheiten Gottes bestehen, und uns zum nächsten Segen in unserem Leben führen. **Wir können uns bewusst entscheiden, uns mit den Wahrheiten und Zusagen Gottes einzukleiden und hoffnungs- und erwartungsvoll in den Tag zu gehen.**

Doch jetzt stell dir mal vor, du würdest deine Kleidung jahrelang nicht wechseln. Du entscheidest dich anfangs, ein guter, positiver und hoffnungsvoller Mensch zu sein, aber dann fällst du wieder in deine negativen Eigenschaften zurück und lästerst, gehst arrogant und lieblos durchs Leben. Mutlos bleibst du vor deinen Herausforderungen stehen oder hastest durch den Alltag von einem Termin zum nächsten. Dann beginnst du nach und nach zu stinken. Dein Charakter beginnt vor sich hinzumodern wie alte Kleidung, die nie gewechselt wird.

Deshalb müssen wir uns jeden Tag entscheiden, all die guten Eigenschaften, all die Verheißungen und all die Zusagen Gottes wie ein Kleidungsstück anzuziehen, damit wir wieder positiv, demütig, barmherzig, sanftmütig und geduldig durch den Tag gehen.

Dann werden wir wieder zum Wohlgeruch für die Menschen in unserem Umfeld und, anstatt uns zu meiden, ist man gerne mit uns zusammen. **Denn Menschen, die mit der Kraft Gottes durch den Tag gehen, verströmen seine Liebe, seine Freude und seinen Wohlgeruch, was Menschen anzieht und Spuren der Liebe Gottes hinterlässt. Glaube mir, dies wird dir automatisch Türen öffnen und dich an Orte bringen, die du dir nie hättest erträumen können.** Und dies bloß, weil du dich entschieden hast, positiv, erwartungsvoll und auf Gott fokussiert in den Tag zu starten. Statt den Sorgen und all dem Negativen, das am Bettrand auf dich wartet, Glauben zu schenken, hast du dich entschieden, deinem Gott, deinem Schöpfer und seiner Kleiderauswahl zu vertrauen.

Vielleicht denkst du jetzt:»Ich war halt schon immer ein negativer und kritischer Mensch. Ich bin von Natur aus pessimistisch. Ich kann gar nicht anders, als immer alles zu hinterfragen, herablassend zu kommentieren und arrogant durchs Leben zu gehen. So bin ich halt. Sorry.«

Dann möchte ich dir gerade heute durch diese Zeilen sagen: Das stimmt nicht! Das ist das, was du wählst, zu sein. Wir alle können uns jeden Morgen von neuem dazu entscheiden, entweder die göttlichen Eigenschaften anzuziehen oder unser eigenes Ding zu machen und uns einfach all der Negativität auszuliefern. Doch das ist nicht das, was Gott für dich gewollt und geplant hat. **Du und ich, wir können beschließen, jeden Tag mit einer göttlichen Haltung und Einstellung zu beginnen.**

Es wartet so viel auf dich, das sich lohnt, entdeckt zu werden: neuer Segen, der dich packen will; neue Möglichkeiten, die erkundet werden wollen, neue Freude, die erfahren werden will, neue Ideen, die umgesetzt werden wollen, neue schöne, göttliche und heilige Momente, die sich in deinem Herzen niederlassen wollen.

Klar werden wir immer wieder erleben, dass Menschen gegen uns sind, sich Umstände gegen uns stellen und das Leben nicht so mitmacht, wie wir es uns ausgemalt haben. Doch du und ich, wir haben alles in uns, um mit unserer Einstellung einen Unterschied zu machen. Wir können die Menschen in unserem Umfeld nicht direkt verändern. Wir können die widrigen Umstände nicht steuern. Wir können nicht bestimmen, wo und wie wir aufwachsen. Wir können auch nicht viel daran ändern, wie unsere Eltern sind oder waren. Aber was wir können, ist unsere Einstellung und Haltung, wie wir mit all dem umgehen, zu beeinflussen. Wir können jeden Tag wieder zu uns selbst sagen:

»Egal, was mich heute erwartet, was alles gegen mich sein wird, egal, wie die Menschen mich behandeln, ich entscheide, dass heute ein guter Tag wird. Gott ist auf meiner Seite, darum nehme ich eine neue und positive Haltung ein. Ich ziehe Geduld, Barmherzigkeit, Liebe, Freude und Demut an. Und so werde ich den Menschen begegnen. Dies wird mir neue Türen öffnen, neue Möglichkeiten aufzeigen und neue Beziehungen schenken.«

Was würde wohl alles in deinem Leben, in deinem Alltag, an deinem Arbeitsplatz passieren und sich zum Guten verändern, wenn du jeden Morgen mit einer erwartungsvollen, positiven und inspirierenden Haltung und Einstellung in den Tag starten würdest? Wo würden deine Beziehungen wohl stehen, wenn du dich jeden Tag neu dafür entscheiden würdest, die Verheißungen Gottes anzuziehen und mit Liebe statt mit Hass, mit Geduld statt mit Hast, mit Freude statt mit Verzweiflung, mit Selbstlosigkeit statt mit Egoismus, mit Demut statt mit Arroganz und mit Rücksichtnahme statt mit Vordrängen zu reagieren? Ich denke, nicht nur du, sondern auch dein Umfeld würde sich verändern. Und je mehr wir uns auf Gott und seine Zusagen fokussieren, umso mehr würden wir nicht nur erleben, wie Gott uns mit seinem Segen überhäuft, sondern auch, wie wir zu einem Wohlgeruch für unser Umfeld werden.

Womöglich denkst du jetzt: »Ja, du hast gut reden. Du hast ja keine Ahnung, was ich alles durchgemacht habe und immer noch durchmache. Mein Leben ist nicht so easy wie deines und ich trage große Lasten mit mir herum.« Dann möchte ich dir sagen: Gib dich nicht einfach so geschlagen. Gott hat mehr für dich bereit. Ich weiß, es scheint einfacher, sich aufzugeben und zu sagen: »Ich bin jetzt halt mal bitter, verletzt und in meinem Leben steckengeblieben«, statt wieder aufzustehen, sich dem Schmerz zu stellen, zu vergeben und neue Wunder zu erwarten. **Tue es trotzdem.** Mach es und bleibe dort, wo du gerade bist, nicht stehen.

Gott wartet auf dich.

Sein Segen und seine Liebe wollen dich weitertragen, sobald du wieder aufgestanden bist und dich deinem Schmerz, deinen Verletzungen und deinem Versagen stellst.

Gott wird dich nicht im Stich lassen, er wird sich von dir finden lassen.

Darum stehe wieder auf und rechne mit der Kraft Gottes. Oder anders gesagt, mach es wie Josef. Josef wurde von seinen Brüdern verraten und als Sklave nach Ägypten verkauft. Dort wurde er ins Gefängnis gesteckt, und zwar für ein Verbrechen, das er nicht begangen hatte. Jahr um Jahr verbrachte er in dieser dunklen, feuchten und kalten Zelle. Alleine, einsam und weit weg von zu Hause. Unschuldig saß er dort. Doch wir lesen in der Bibel nirgends, dass Josef sich beklagt hätte oder dass er bitter geworden wäre. Und das, obwohl er jedes Recht dazu gehabt hätte. Nein, statt sich dem Selbstmitleid hinzugeben, gab er sein Vertrauen in Gott nicht auf. Er hielt weiter an Gott fest, behielt die richtige Haltung und betete Gott weiterhin an. Er blieb gut zu seinen Mitmenschen, das heißt vor allem zu seinen Mitgefangenen. Er versuchte weiterhin das Richtige und nicht das Falsche zu tun. Und dann lesen wir, wie Gott sich, in dieser Einsamkeit, in der Dunkelheit von Josefs Leben, zu ihm stellte:

Josef war nun also im Gefängnis. Aber der Herr in seiner Treue stand ihm bei. Er verschaffte ihm die Gunst des Gefängnisverwalters. Der Verwalter übertrug Josef die Aufsicht über alle anderen Gefangenen, und alle Arbeiten im Gefängnis geschahen unter Josefs Leitung. Der Verwalter vertraute ihm völlig und gab ihm freie Hand; denn er sah, dass der Herr ihm beistand und alles gelingen ließ, was er tat. *1. Mose 39,20b–23* GNB

Rechne mit der Kraft Gottes.

Gott stand ihm bei und ließ alles gelingen, was Josef tat. Dank seiner richtigen Haltung und der Entscheidung, jeden Tag von neuem auf Gott zu schauen, durfte Josef sogar im Gefängnis erleben, wie die Gunst Gottes für ihn wirksam wurde. 13 Jahre später wurde Josef befreit und stieg dank Gottes Gunst zur rechten Hand des Pharaos auf.

Es kann immer passieren, dass Menschen uns nicht gut behandeln, wir Ungerechtigkeiten erleben, wir durch eine schwere Zeit gehen und denken:»Das mit dem Optimismus funktioniert im echten Leben nicht!« In solchen Momenten ist es viel einfacher, pessimistisch und bitter zu werden. Aber ich möchte dir sagen, Gott ist da. Wie Gott Josef nicht vergessen hat, so hat Gott dich nicht vergessen. **Entscheide dich trotz deiner Herausforderungen, mit der richtigen, positiven Haltung in den Tag zu starten. Gott sieht, mit welcher Einstellung du den Herausforderungen des Alltags begegnest, und auch wenn dich kein Mensch wahrnimmt, feuert Gott dich an und sagt:»Gib nicht auf. Ich halte mehr für dich bereit!«**

Jeden Morgen sollten wir zu uns selbst sagen:»Ich gebe nicht auf. Ich halte an meinem Glauben fest. Ich glaube daran, dass Gott schlussendlich immer alles zu meinem Besten wenden wird. Ich gehe aufrecht durchs Leben, ich erwarte mehr von meinem Gott, ich ziehe den Mantel des Glaubens und der Anbetung an und ehre meinen Gott trotz all meiner Herausforderungen!« Sprechen wir in dieser Weise, wird Gott sich zu uns stellen, sich von uns finden lassen und uns neue Türen und Möglichkeiten zeigen, die er uns öffnen bzw. schenken möchte.

Jeder von uns kann sich jeden Morgen neu entscheiden, sich mit den Wahrheiten und Zusagen Gottes einzukleiden, so wie Paulus es im Kolosserbrief ausgedrückt hat. Wir können jeden

Morgen mit Gott in den Tag starten, uns entscheiden, Gott zu priorisieren, und uns mit seinen Zusagen und Verheißungen auszurüsten.

Wenn wir uns täglich mit dem Wort Gottes auseinandersetzen, können wir gar nicht mehr anders, als positiv durchs Leben zu gehen, oder es zumindest zu versuchen. Denn in der Bibel begegnet uns ein Gott, der uns seine »Kinder« und »Meisterwerk« nennt und der uns verspricht, dass er immer unser Bestes im Sinn hat. Wir müssen ihn einfach nur an die erste Stelle setzen. Dann begegnet uns ein Gott, der uns mit allem versorgen möchte, was wir für unser Leben brauchen; ein Gott, der uns täglich an seiner Liebe, seiner Kraft und seiner Fürsorge teilhaben lassen möchte; ein Gott, der uns verspricht, uns immer mehr als genug zu geben und uns mit seinem Überfluss zu segnen.

Beim Bibellesen lernen wir einen Gott kennen, der uns seine Vergebung einfach so schenkt und uns jeden Tag neu zuspricht:

»Deine Sünden sind dir vergeben.

Der Weg zu mir, der Weg zum Segen,

der Weg zu einem Leben in Fülle ist frei.

Mach dich auf und lebe dein bestes

Leben, jetzt!«

Alessio Cesario, Pexels

MEINE BESTIMMUNG

»Ich bin ein Meisterwerk Gottes.
Ich bin wunderbar, mit einem Sinn
und Zweck erschaffen, den nur ich
ausleben kann. Gott hat sich einen
Traum erfüllt, als er mich kreiert hat.
Jedes Mal, wenn er an mich denkt,
jubelt er im Himmel.«

Deine Bestimmung ist stärker als deine Vergangenheit.

Je älter wir werden, umso mehr lassen wir unser Leben von schlechten Erfahrungen, Fehlern und negativen Erlebnissen aus unserer Vergangenheit prägen. Wir alle tragen eine Geschichte mit uns herum. Als Menschen machen wir Fehler, versagen, setzen Beziehungen in den Sand und bringen das Leben nicht immer auf die Reihe. Dies kann dazu führen, dass Gedanken uns sagen:»Du bist es nicht wert, geliebt zu werden. Du wirst dein Ziel verfehlen und deine Bestimmung nicht mehr ausleben können, es ist vorbei!« Diese Tatsache spiegelt sich auch in der Bedeutung des Wortes »Sünde« wider.

Sünde bezeichnet den unvollkommenen Zustand von uns Menschen in unserer Beziehung zu Gott. Ohne Jesus sind wir durch unsere Sünden, Fehler und unser Versagen von Gott getrennt. So sind wir auch von allem Guten, dem Segen und dem Plan, den Gott für uns bereithält, abgeschnitten. Weil wir Menschen sündige Wesen sind, werden wir, solange wir Jesus noch nicht kennen, nie das Ziel und unsere Bestimmung ausleben können. Sünde bedeutet in der Ursprache:»Verfehlen des Ziels, Zielverfehlung«.

Der Apostel Paulus beschreibt es in der Bibel folgendermaßen:

> Dabei macht es keinen Unterschied, ob jemand Jude oder Nichtjude ist, denn alle haben gesündigt, und in ihrem Leben kommt Gottes Herrlichkeit nicht mehr zum Ausdruck.
> *Römer 3,22b–23* NGÜ

Paulus drückt es sehr klar aus: Alle haben es vergeigt. Alle Menschen haben gesündigt und werden weiterhin sündigen.

Kein Mensch kann ohne zu sündigen auf dieser Erde leben. Anders gesagt, niemand wird sein Ziel erreichen, niemand wird die ganze Fülle Gottes erleben, niemand wird das Beste aus seinem Leben herausholen, niemand wird den vollen Segen Gottes in seinem Leben freisetzen. Kein Mensch auf dieser Erde wird sein volles Potential ausleben oder erleben, wie alle Träume, die Gott bereithält, wahr werden. Kein Mensch wird erleben, wie all seine Sehnsüchte gestillt werden und die Herrlichkeit Gottes in sein Leben kommt.

Doch Paulus fährt glücklicherweise fort und beschreibt uns die Lösung:

Doch jetzt hat Gott ... seine Gerechtigkeit sichtbar werden lassen. Es ist eine Gerechtigkeit, deren Grundlage der Glaube an Jesus Christus ist und die allen zugute kommt, die glauben. ... und dass sie für gerecht erklärt werden, beruht auf seiner Gnade. Es ist ein freies Geschenk aufgrund der Erlösung durch Jesus Christus.
Römer 3,21–22a.24 NGÜ

In diesem Vers finden wir unsere Hoffnung und unsere Zuversicht. Dank unserem Gott, der seinen Sohn Jesus Christus gesandt hat, und unserem Glauben an ihn, sind wir gerecht. Wir sind von all dem, was uns davon abbringen möchte, unser Ziel und unsere Bestimmung zu erreichen, befreit.

Wir sind frei, unser bestes Leben zu leben.

Wir sind dazu befreit, all den Segen zu empfangen, den Gott für uns vorbereitet hat. **Wir sind frei, all die Geschenke des Lebens voll auszukosten, die Gott uns jeden Tag von neuem geben und zeigen möchte.** Wir sind in der Lage, trotz unseres Versagens, unserer Fehler, unserer Sünden, unserer Schwächen, Zweifel und Ängste Gottes Bestimmung für unser Leben zu entdecken, und zwar, weil Gott uns ein Geschenk gemacht hat. Ein freies Geschenk, das wir, wenn wir wollen, einfach so annehmen dürfen. Für das, was Gott uns geben möchte, müssen wir weder etwas zahlen noch etwas leisten oder dazu beitragen; wir dürfen es einfach so in Empfang nehmen. Und genau darum werden wir in unserem Leben einen Unterschied machen. Weil wir plötzlich alles richtig machen und nie mehr einen Fehler begehen?

Nein. Weil uns vergeben ist, wir trotz Fehler und Zweifel unsere Vergebung nie mehr verlieren und wir unser Ziel hier auf Erden mit Gott zusammen erreichen werden. Wir müssen uns nicht mehr von unserer Vergangenheit, unserem Versagen, unseren Fehlern zurückhalten lassen, denn dank unserem Glauben und dem Geschenk der Gnade sind uns unsere vergangenen, gegenwärtigen und zukünftigen Sünden vergeben.

Die Gnade Gottes, das Geschenk Gottes an uns Menschen, ist stärker als unsere Vergangenheit!

Um dies noch besser zu verstehen, betrachten wir Jesus. Wir lesen in der Bibel, wie Jesus am Ende seines Lebens auf der Erde gekreuzigt wird. Obwohl Jesus, der Sohn Gottes, ohne jegliche Fehler und Sünde war, musste er am Kreuz sterben, und zwar für all unsere Fehler. Das war der Plan Gottes. Denn jegliche Sünde und jegliches Versagen fordert ein Opfer. So war es schon immer. Das ganze Alte Testament hindurch, dem ersten Teil der Bibel, lesen wir immer wieder, wie die Menschen als

Folge ihrer Fehler in den Tempel gehen mussten, um ein Opfer darzubringen. Das Blut, das dann durch das geopferte Tier auf dem Altar vergossen wurde, zahlte stellvertretend den Preis für ihr Versagen. So finden wir in der Bibel eine Liste nach der anderen, was genau man für welche Fehler opfern musste, damit die Sünde vergeben werden konnte. Das war ein riesiger Stress für die Menschen, und die Priester – die damaligen Gottesdienstleiter – waren vor allem damit beschäftigt, die Vögel, die Kälber, die Schafe und all die anderen Tiere fachgerecht, wie es in der Bibel beschrieben steht, hinzurichten. Wenn ich mir dies so vorstelle, waren die Priester eher Metzger als Kommunikatoren, und das Ganze war eine ziemlich blutige Sache.

Damit Gott diesem Gemetzel ein Ende bereiten und ein neues Zeitalter einläuten konnte, brauchte er ein Opfer, das für alle Sünden, die jemals getan wurden und die noch getan würden, stirbt. Dass dafür kein Tier ausreichte, sollte uns allen klar sein. Auch ein gewöhnlicher Mensch genügte nicht, weil alle Menschen fehlerbehaftet sind. Gott brauchte ein Opfer, das ohne Fehler und ohne Makel war. **Da blieb nur Gott selbst übrig. So wurde er Mensch, indem er seinen Sohn auf diese Erde schickte, Jesus. Jesus, starb am Kreuz für all unsere Sünden, für die der ganzen Menschheit.** So wurde zum letzten Mal durch ein Opfer Blut vergossen. Dieses Blut, das Jesus am Kreuz vergoss, wurde stellvertretend für all unsere Fehler vergossen. Damit war nun Schluss mit all dem Opfern und dem blutigen Geschehen im Tempel. Genial, nicht wahr?

Stell dir mal vor, wenn dies nicht so passiert wäre. Dann hätten wir noch heute ein riesiges Gemetzel vor jedem Gottesdienst, den wir als Gläubige feiern. Ich persönlich bin sehr froh, dass dies mit dem Tod von Jesus vor gut 2000 Jahren am Kreuz sein Ende gefunden hat.

Doch bleiben wir noch beim Kreuz. Der Sohn Gottes, der selbst ohne Fehler war und für all unsere Fehler bezahlte, hing am Kreuz und starb einen qualvollen Tod. Jesus starb alleine, verlassen, einsam.

Um zwölf Uhr mittags brach über das ganze Land eine Finsternis herein, die bis drei Uhr nachmittags andauerte. Gegen drei Uhr schrie Jesus laut:»Eli, Eli, lema sabachtani?« (Das bedeutet:»Mein Gott, mein Gott, warum hast du mich verlassen?«) ... Jesus aber schrie noch einmal laut auf; dann starb er. *Matthäus 27,45–46.50* NGÜ

Jesus, der Sohn Gottes, hing am Kreuz und erlebte all das Schwere, das wir Menschen durchmachen. Jesus erlebte Leere, Schmerz und fühlte sich sogar von Gott selbst, seinem Vater, im Stich gelassen. Genau wie Jesus erleben auch wir solche Momente. Momente, in denen wir uns verlassen fühlen. Wir erleben Situationen, die für uns keinen Sinn ergeben. Momente des Leids, des Schmerzes, des Stillstandes.

Doch wenn wir die Geschichte weiterverfolgen, sehen wir, dass Jesus nicht beim Kreuz und beim Tod stehenblieb. Jesus stand nach drei Tagen wieder von den Toten auf und besiegte so den Tod, die Sünde und all das Schlechte, das uns immer wieder zu sagen versucht, dass wir es nicht wert seien, geliebt zu werden, unser Ziel zu erreichen oder das Beste in unserem Leben genießen zu dürfen.

Darum, auch wenn du spürst, wie deine Vergangenheit dich einzuholen versucht, wie Stimmen dich versuchen auszubremsen oder wie du dich selber anklagst, steh wieder auf. Schaue wieder nach vorne und gib den Glauben auf eine Veränderung, auf eine Heilung, auf einen Durchbruch, auf einen neuen Segen nicht auf. Denn auch deine Zeit der Auferstehung wird kommen. Auch wenn du dich verlassen fühlst, du bist es nicht. Gott ist immer noch da. Gott feuert dich an, jubelt dir zu und ruft:

»Gib nicht auf! Ich habe dich nicht vergessen. Auch wenn es sich anders anfühlt, ich bin da. Ich habe einen Plan für dein Leben. Ich habe eine Bestimmung für dich, die du erreichen wirst. Nichts und niemand kann dich ausbremsen! Ich bin stärker und ich bin mächtiger als alles, was sich dir in den Weg stellen könnte.«

Paulus beschreibt die Kraft, die in jedem von uns wohnt:

> Ihr sollt erfahren, mit welcher unermesslich großer Kraft Gott in uns, den Glaubenden wirkt. Ist es doch dieselbe gewaltige Kraft, mit der er am Werk war, als er Christus von den Toten auferweckte und ihm in der himmlischen Welt den Ehrenplatz an seiner rechten Seite gab!
> *Epheser 1,19–20* HFA

Dieselbe Kraft, die Jesus von den Toten zurück ins Leben geholt hat, lebt in dir! Darum, egal, was du durchmachst, du bist nicht allein. Gott ist da.

So wie Jesus wieder auferstand, wird Gott auch dich zurück ins Leben holen, wenn du auf ihn und nach vorne schaust. Gib einfach all den Stimmen aus der Vergangenheit, all den Stimmen, die dich anklagen und dir weiszumachen versuchen, dass du den Segen Gottes nicht verdient habest, kein Gewicht mehr. Gott ist in dir am Werk, und zwar mit genau derselben Kraft, mit der er Jesus von den Toten zurück ins Leben geholt hat. Schaue wieder nach vorne, denn deine Bestimmung ist stärker als deine Vergangenheit und all deine Fehler.

Bereits bei Adam und Eva entdecken wir die Kraft, die wieder nach vorne schaut und die Hoffnung nicht aufgibt. Adam und Eva, die ersten Menschen, haben sich ja gegen Gott und seinen Willen aufgelehnt und uns dadurch den ganzen Schlamassel mit der Sünde und der gefallenen Welt, wo das Böse toben und wirken kann, eingebrockt. Sie haben der Schlange, dem Teufel, mehr Glauben geschenkt als Gott und von der verbotenen Frucht gegessen. Danach erkannten sie, dass sie nackt waren, und sie schämten sich. Sofort versteckten sie sich hinter den Bäumen im Paradies, dem perfekt geschaffenen Ort für uns Menschen. Wir lesen weiter:

Aber Gott rief nach dem Menschen: »Wo bist du?« Der antwortete: »Ich hörte dich kommen und bekam Angst, weil ich nackt bin. Da habe ich mich versteckt!« »Wer hat dir gesagt, dass du nackt bist?«, fragte Gott. *1. Mose 3,9–11a GNB*

Ist es nicht interessant, wie Gott auf die erste Sünde der Menschen reagiert? Seine Reaktion ist simpel und einfach:

»Wer hat dir das gesagt?«

Klar, der Mensch bezahlte danach für seinen Fehler. Bis Jesus am Kreuz starb, bezahlten die Menschen für ihr Versagen. Doch durch den Tod von Jesus ist ein für alle Mal für alles menschliche Versagen und all die Sünde bezahlt worden. Daher sind wir wieder befähigt und frei, unser Leben zu leben und unsere Bestimmung zu entdecken. Darum dürfen wir jeden Tag von neuem auf Gott schauen und uns von ihm führen und überraschen lassen. Auch wenn der letzte Tag nicht der Beste war, wartet am nächsten Tag von neuem Gottes Gnade und sein Geschenk der Vergebung auf uns. Gib den Stimmen, die dir sagen, dass du dies oder jenes nicht erreichen oder erleben könnest, weil du ein schlechter Mensch seist, kein Gewicht mehr und schaue stattdessen auf Gott. Dann wirst auch du hören, wie Gott dich fragt:

»Wer hat dir gesagt, dass du dein Leben nicht erfolgreich meistern wirst? Wer hat dir gesagt, dass du nie einen passenden Beruf erlernen kannst? Wer hat dir gesagt, dass ich keinen Plan für dein Leben hätte? Wer hat dir gesagt, dass du nicht liebenswert genug seist, um erfüllte Freundschaften zu leben? Wer hat dir gesagt, dass du zu wenig attraktiv seist, um jemals zu heiraten? Wer hat dir gesagt, dass deine Ehe garantiert in die Brüche gehen wird, weil es in deiner Familie schon immer so war? Wer hat dir gesagt, dass du deine Bestimmung nicht ausleben wirst, weil du zu viel falsch gemacht hast? Wer hat dir gesagt, dass etwas nicht in Ordnung mit dir sei?«

Wer hat dir das gesagt? Gott? Nein, ganz sicher nicht. Im Paradies war es die Schlange, der Feind Gottes; heute sind es die negativen Gedanken, der Teufel, der uns anklagt, wir selbst, die wir uns wegen unserer Fehler fertigmachen, oder die Umstände, die uns sagen, dass wir dies oder jenes nicht mehr hoffen dürften, weil zu viel falsch gelaufen sei. Denk daran, dir ist vergeben. Du bist frei, dein bestes Leben zu leben. Jeden Tag von neuem darfst du aufstehen und zu Gott sagen:

»Danke, dass du mir all meine Fehler vergeben hast. Danke, dass mich nichts auf dieser Welt ausbremsen wird, meine Bestimmung, die du für mich bereithast, auszuleben. Danke, dass deine Gnade und deine Vergebung stärker und größer sind als all mein Versagen, all mein Zweifeln und all meine Ängste.«

Steh wieder auf und erinnere dich daran, dass du ein Kind des höchsten Gottes bist, ausgestattet mit einem unglaublichen Potential.

Traue dir etwas zu, denn Gott glaubt schon lange an dich. Du bist die richtige Person am richtigen Platz und du wirst nicht durch deine Fehler definiert, sondern durch deinen Glauben an Gott.

Du bist die richtige Mutter für deine Kinder. Du bist der richtige Vater für deine Familie. Du bist der richtige Ehemann, die richtige Ehefrau. Du bist am richtigen Platz. Du bist der richtige Lehrling, Student, Arbeiter, Chef. Also gib dort, wo du bist, dein Bestes. Schaue wieder nach vorne und mache Schritte auf deine Bestimmung zu. Du bist ein Meisterwerk Gottes, ausgestattet mit allem, was du brauchst, um deine Bestimmung auszuleben. Lebe wieder, glaube wieder, hoffe wieder, träume wieder, denn auf dich wartet **mehr**!

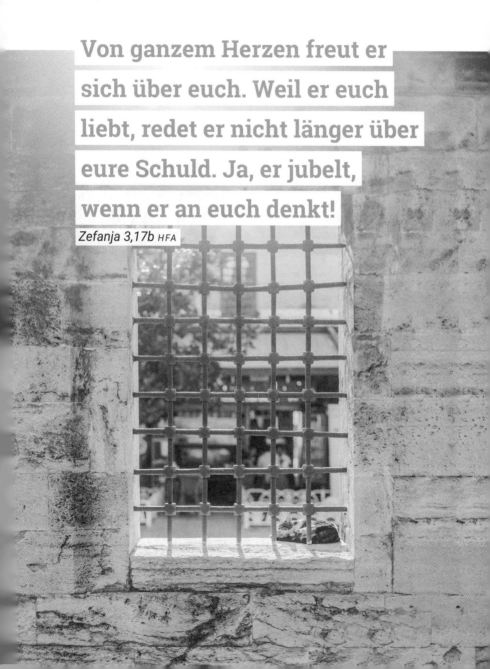

Von ganzem Herzen freut er sich über euch. Weil er euch liebt, redet er nicht länger über eure Schuld. Ja, er jubelt, wenn er an euch denkt!

Zefanja 3,17b HFA

Dieselbe Kraft, die Jesus von den Toten zurück ins Leben geholt hat, lebt in dir! Darum, egal, was du durchmachst, du bist nicht allein. Gott ist da.

MEINE SEELE RUFT

»Ich entscheide mich für eine positive Sicht aufs Leben. Ich will das Gute in mir und meinem Gegenüber sehen und lege daher meinen Fokus – sowohl in Bezug auf mich selbst als auch meine Mitmenschen – auf die Stärken und das Potential.«

Kick das Negative aus deinem Leben!

Viele Menschen halten an all dem Negativen fest, das ihnen im Verlauf ihres Lebens widerfährt. Sie tragen Schuldgefühle, Groll, Zweifel, Sorgen und Ängste mit sich herum, ohne zu bemerken, dass diese negativen Emotionen ihre Seele immer mehr einnehmen. Dadurch fehlt es ihnen innerlich an Platz für all das Gute, das Gott ihnen geben möchte.

Unsere Seele ist mit einem Fass zu vergleichen. Wir haben einen Behälter in uns und sind von Gott dazu bestimmt, in diesem Behälter Freude, Frieden, Sicherheit, Ruhe, neue Ideen und seine Kreativität zu sammeln. Gott möchte uns jeden Tag von neuem mit seiner Freude, seiner Begeisterung, seiner Leidenschaft, seiner Liebe und seinem Segen auffüllen. Doch je mehr wir all dem Negativen Platz in unserer Seele geben, umso weniger Raum hat all das Gute, das Gott uns geben möchte. Denn wir haben nur eine gewisse Kapazität zur Verfügung, und wenn diese durch negative Dinge ausgefüllt wird, haben wir weniger Platz für die Ruhe Gottes, den Frieden und seine Freude. Ist deine Seele beispielsweise zu 80 Prozent mit Sorgen, Nöten, Ängsten und negativen Gedanken gefüllt, bleiben für das Göttliche nur noch 20 Prozent übrig.

Es ist wichtig zu verstehen, dass wir nicht beides in gleichem Maße in uns haben können: Wir können nicht 80 Prozent Sorgen und dann noch 80 Prozent Freude in uns haben. Das geht einfach nicht. Je mehr unsere Seele von Negativem eingenommen ist, umso mehr weicht das Gute aus unserem Leben. Das ist auch der Grund, warum viele Menschen einfach nicht glücklich sind. Ihr seelisches Fass ist voll mit Sorgen, Ängsten, Hoffnungslosigkeit und all den negativen News, mit denen sie täglich konfrontiert werden und die sie in sich aufnehmen.

Versuchen wir, das Ganze noch besser zu verstehen.

Stell dir mal vor, deine Seele ist zu zehn Prozent mit Sorgen gefüllt. Jeden Tag stehst du auf und sorgst dich über dies oder jenes und zehn Prozent deiner Gedanken, die du dir machst, sind von diesen Sorgen und Ängsten geprägt.

Darüber hinaus bist du im Stress. Jeden Tag, wenn du aufstehst, warten schon deine To-dos am Bettrand auf dich und das Erste, was du machst, bevor du überhaupt das Bett verlässt, ist mal deinen Terminkalender im Smartphone checken. Dann geht's schnell. Schnell frühstücken, schnell den Kids einen Kuss auf die Wange drücken, schnell noch dem Ehepartner ein Kompliment machen und ihm zurufen:»Schatz, liebe dich!«, und schon geht's weiter. Du jagst all deinen Aufgaben in der stillen Hoffnung nach, irgendwann einmal Ruhe und Frieden zu finden. Deine Seele ist zu 20 Prozent mit Stress gefüllt. Viele deiner Gedanken sind von den Erwartungen der Menschen um dich herum oder von der Agenda geprägt, die du zu erfüllen hast.

30 Prozent des Platzes in deiner Seele sind nun also schon vergeben. Weitere zehn Prozent gehen an Verletzungen aus deiner Kindheit. Deine Eltern haben dich zu wenig wahrgenommen, die Kinder in der Schule haben dich gemobbt, scheinbare Freunde haben dich ausgelacht oder Menschen, die dir nahe standen, haben dir bewusst oder unbewusst wehgetan. Und wenn du tief in dich hineinhorchst, ist er da, dieser Schmerz, der dir zuruft:»Sieh zu, dass du endlich zu deinem Recht kommst! Zahle es ihnen heim, beweise ihnen, dass sie falsch lagen, zeige durch deine Leistung, dass du dies nicht verdient hast. Räche dich, kämpfe für dich oder bemitleide dich!« Die Verletzungen, die du mit dir herumträgst, nehmen mehr und mehr Raum in deiner Seele ein. Sie sind wie ein

Virus, das sich vermehrt und deine Seele immer kränker macht. Sie sind wie ein Gift, das schleichend alle Organe befällt. Viele dieser Vergiftungen bemerken wir zudem erst im Alter, nämlich dann, wenn zu den Verletzungen noch Bitterkeit dazukommt. Und je älter du wirst, umso mehr nimmt dich Bitterkeit ein und deine Seele verliert zunehmend den Atem und die Freude am Leben.

Nehmen wir weiter an, du befindest dich in der Mitte deines Lebens. Es läuft eigentlich recht gut, wobei du dich im Großen und Ganzen mit deinen Verletzungen arrangiert und sie irgendwo in deiner Seele in der Hoffnung eingeschlossen hast, dass sie Ruhe geben. Und sie geben scheinbar auch Ruhe. Im Stillen und Verborgenen, weit hinten in deiner Seele klaffen die Wunden jedoch noch und werden sogar größer. Das hat zu Bitterkeit geführt, sodass du zusätzlich zu deinen Verletzungen noch etwa acht Prozent davon mit dir herumträgst.

Zudem hast du schon ein paar Sachen in deinem Leben in den Sand gesetzt. Da sind ein paar Menschen, die du verletzt hast, ein paar Mal hast du die Nerven gegenüber deinen Kindern verloren, deinen Partner hast du ein bisschen zu wenig geehrt, den Chef ab und zu hintergangen usw. Schuldgefühle und Selbstanklage füllen 14 Prozent vom Platz in deiner Seele.

Nicht zu vergessen ist da noch der Neid, der sich über all die Jahre angehäuft hat. Neid gegenüber deinen Freundinnen, Neid gegenüber deinem Arbeitskollegen, gegenüber deinem Nachbarn oder auch anderen Christen gegenüber, weil sie scheinbar mehr gesegnet werden, mehr besitzen, erfolgreicher sind, besser aussehen oder ihr Leben schöner wirkt. 18 Prozent Neid, der sich in deiner Seele eingenistet hat. Auch er nimmt zu, je länger wir damit leben und nichts dagegen unternehmen.

Zählen wir jetzt all diese Prozentzahlen zusammen, ergibt dies 80 Prozent. Das bedeutet, 80 Prozent deines Seelenfasses sind ausgefüllt. Du hast nur noch 20 Prozent Platz für all das Gute, das Gott dir eigentlich jeden Tag schenken und in dich hineinlegen möchte! Und wie erwähnt, hat vieles Negative in uns die Tendenz, zu wachsen. Das heißt, selbst diese 20 Prozent können schnell weiter zusammenschrumpfen. Deshalb müssen wir unbedingt lernen, jeden Tag von neuem, all das Negative aus unserem Leben hinauszukicken bzw. gar nicht erst hineinzulassen, damit es keinen Platz in uns einnehmen kann und wir genug Raum für unseren Gott und seine Zusagen haben.

Paulus beschreibt es im Galaterbrief folgendermaßen:

Zur Freiheit hat Christus uns befreit! Bleibt daher standhaft und lasst euch nicht wieder unter das Joch der Sklaverei zwingen! *Galater 5,1* NGÜ

Jesus hat uns befreit! Wir sind frei, das Leben zu leben, zu dem Gott uns geschaffen hat. Wir sind frei, die Träume zu entdecken und auszuleben, die auf uns warten. Wir sind frei von Druck, Scham, Eifersucht, Neid, Wut und negativen Gedanken.

Leben wir unser Leben in Freiheit und lassen wir uns nicht mehr unter das Joch der Sklaverei zwängen!

Anders ausgedrückt ruft Paulus uns zu: »Gebt all den Schuldgefühlen, der Scham, dem Negativen, euren Verletzungen, euren Ängsten, all dem Stress und den Sorgen keinen Raum mehr. Sie wollen euch nur knechten und euer Leben bestimmen. Liebe Freunde, schützt euer Herz und kickt all das Negative ganz bewusst aus eurer Seele und werdet wieder empfänglich für all die Wunder, die Gott für euch bereithält!«

Sage jeden Tag zu dir selbst:

»Ich will der Bitterkeit in meinem Leben keinen Raum mehr geben. Ich schaue nicht mehr auf meine Ängste, ich gebe der Wut und dem Stress keinen Raum mehr. Ich werde mein Herz für all das Negative nicht mehr öffnen. Ich lasse es nicht zu, dass mein Leben nach und nach vergiftet wird.«

Wir kontrollieren, was in unser »Fass« hineinkommt. Wir kontrollieren, über was wir nachdenken und wohin wir unsere Gedanken treiben lassen. Wir kontrollieren, wie wir auf Leid reagieren und was wir mit unseren Gedanken anstellen, wenn eine Krise auf uns zukommt. Wir kontrollieren, ob wir

Schützt euer Herz und kickt all das Negative ganz bewusst aus eurer Seele.

vergeben oder ob wir den Verletzungen Raum geben und die Bitterkeit in unserem Herzen Wurzeln schlagen lassen.

David, ein junger Mann aus der Bibel, beschreibt dies so treffend in einem seiner Lieder:

> Er [Gott] gibt dir in deinem Leben viel Gutes – überreich bist du beschenkt! Wie sich bei einem Adler das Gefieder erneuert, so bekommst du immer wieder jugendliche Kraft.
> *Psalm 103,5* NGÜ

Gott möchte jeden Tag unser Herz weiter erneuern, unsere Seele säubern und uns von all dem befreien, was uns einzunehmen droht. Und je regelmäßiger wir uns Zeit für ihn nehmen, umso weniger kann sich das Negative in uns ausbreiten und einnisten. Starte den Tag mit Gott und nimm dir Zeit, deine Seele wieder auf Kurs zu bringen und dich auf Gott und seine Verheißungen zu fokussieren.

Bevor ich einen Kaffee zu mir nehme, bevor ich mich all meinen Aufgaben stelle, ich meinem Spiegelbild gegenübertrete und in den Tag hineinstarte, suche ich Gott. Ich lasse bewusst Verletzungen los, vergebe anderen und mir selber und starte mit einem freien Herzen leicht und beschwingt in den Tag.

Eigentlich keine große Sache, aber geistlich gesehen die entscheidende Sache. Ich beginne meinen Tag bewusst mit Gott.

Ich stelle meine Seele und mein Herz bewusst unter die Zusagen und Verheißungen Gottes, die er für mein Leben hat. Ich lasse mir von Gott und seinem Geist dienen und lasse Schuldgefühle, Scham, Sorgen, Ängste, Verletzungen, Eifersucht und Nöte bewusst los. All das lege ich in die Hände Gottes.

Dann geht's los. Dann gehe ich mit Gott in den Tag und erlebe Gottes Güte, Gunst, Führung, Weisheit, Segen, seine Nähe, Liebe, Freude und Ruhe. Nicht weil ich etwas Besonderes geleistet hätte, sondern einfach, weil ich in meinem Herzen, in meiner Seele, Raum dafür geschaffen habe.

Vor kurzem las ich die Geschichte einer Frau, die ihren 100.

Andrea Piacquadio, Pexels

Geburtstag feierte. Voller Freude und Begeisterung genoss sie ihren Tag. Ihr Geist war voll präsent. Sie war geistlich und auch körperlich – den Umständen entsprechend – fit. Auf die Frage, was ihr Geheimnis sei, gab sie Folgendes zur Antwort:

»Ich sorge mich nicht, ich lasse negative Dinge gehen und lache sehr viel!«

Gott verspricht uns durch Davids Lied, Psalm 103, dass er uns immer und immer wieder überreich, mit mehr als genug beschenken möchte, wenn wir uns immer wieder bewusst für Gott und das Gute entscheiden. Wenn wir Platz für ihn schaffen und uns von ihm erneuern lassen.

Der Grund, warum viele Menschen innerlich und äußerlich stehen bleiben, verblühen und ihren Glanz verlieren, je älter sie werden, hat damit zu tun, dass ihre Seele mit all dem Schrott und Negativen gefüllt ist, das uns allen täglich begegnet. Sorgen rauben Kraft. Ein stressiges Leben macht alt und hinterlässt Falten im Gesicht, es lässt uns nach und nach die Freude am Leben verlieren. Bitterkeit und Unversöhnlichkeit führen zu Wut und Respektlosigkeit gegenüber Mitmenschen. Und dies führt nur zu einem kürzeren Leben.

Jesus sagt dazu Folgendes:

> »Glücklich zu preisen sind die, die ein reines Herz haben; denn sie werden Gott sehen.« *Matthäus 5,8 NGÜ*

Das Wort »rein«, welches Jesus hier benutzt, kommt ursprünglich vom Wort »Katharsis«. Es bedeutet »Reinigung, Loslassen oder Läuterung«. Somit meint Jesus: »Reinige immer wieder dein Herz!« Er sagt nichts anderes als:

»Lass all das Negative in deinem Leben los. Vergib den Menschen, die dich verletzt haben. Lass die alten Geschichten los. Lass Fehler, die du begangen hast, los und klage dich nicht mehr länger dafür an. Reinige dein Herz, jeden Tag von neuem, und du wirst wieder Gott sehen.«

So werden wir wieder Platz schaffen für all das Gute, das Gott uns schenken möchte.

Wenn ich auf die letzten 20 Jahre meiner Zeit als Prediger und Leiter einer wachsenden Kirche zurückschaue, erinnere ich mich an unzählige schöne Geschichten. An viele schöne Momente und Situationen, in denen und durch die Gott seine Größe zeigte und offenbarte. Vor meinem geistigen Auge sehe ich Wunder, Gottes Führung und Versorgung, ich sehe Menschen, die sich verändert haben, und so viel Gutes, das Gott schon mit und durch uns geschehen ließ. Da gab es ein Abenteuer nach dem anderen, das wir erleben durften. So viel Geniales, das hinter uns liegt, und so viel mehr Segen und Möglichkeiten, die noch vor uns liegen. Natürlich begegneten uns auch Herausforderungen. Es gab Zeiten, in denen Menschen gegen uns waren, und es wird auch immer wieder Zeiten geben, in denen Menschen uns nicht verstehen, uns in den Rücken fallen, uns anklagen und anzweifeln. Doch in all den Situationen, in denen wir herausgefordert, verletzt oder nicht verstanden werden, kommt mir immer wieder mein Lehrer aus der Bibelschule in den Sinn. Als junge Studenten mit vielen Träumen in unserem Herzen und vielen Möglichkeiten, die unsere Zukunft bereithalten würde, fragten wir ihn eines Morgens, was sein Geheimnis sei, dass er als älterer Mann im Glauben immer noch so leidenschaftlich für Gott unterwegs ist. Er wurde still, überlegte kurze Zeit, dann schaute er uns sehr ernst an und sagte:

»Junge Männer und Frauen. Ihr werdet viel für unseren Gott bewegen und verändern. Ihr werdet aber auch von Menschen nicht verstanden, hintergangen und verletzt werden. Und in genau diesen Momenten ist es matchentscheidend, dass ihr euer Herz reinhaltet. Ich habe mich immer wieder entschieden, mit meinen Verletzungen zu Gott zu gehen, sie ihm

hinzugeben und sie auch bei ihm zu lassen. Dies hat mich bis heute jung und leidenschaftlich in meinem Herzen gehalten.«

Wir alle werden immer wieder erleben, dass Menschen uns verletzen, uns hintergehen und gegen uns sind. Dies gehört zum Leben dazu. Doch die Frage ist: Wie gehen wir damit um? Geben wir den Enttäuschungen und Verletzungen Raum in unserer Seele oder kicken wir all das Negative immer wieder aus unserem Leben hinaus? Warte nicht zu lange! Werde zu einem Menschen, der sofort vergibt und die Verletzungen gar nicht erst in sein Herz hineinlässt. Lass nicht zu, dass Bitterkeit sich in deinem Herzen ausbreitet und halte dein Herz rein.

Selbst als Jesus bereits am Kreuz hing, ließ er nicht zu, dass sein Herz unrein oder unfrei werden würde, damit er bald seinem Vater im Himmel begegnen könnte. Jesus wurde am Ende seines Lebens von den Menschen verraten, für die er eigentlich gekommen war, um am Kreuz für alle ihre Fehler zu sterben. Er wurde sogar von seinen Jüngern im Stich gelassen. Alleine, einsam, unschuldig hing er am Kreuz. Doch bevor er endlich sterben und all die Qualen und Schmerzen hinter sich lassen konnte, sagte er:

> »Vater, vergib ihnen, denn sie wissen nicht, was sie tun.«
> *Lukas 23,34a* NGÜ

Weder die religiösen Leiter noch die Römer, die ihn ans Kreuz genagelt hatten, baten Jesus um Vergebung. So gesehen hatten sie seine Gnade eigentlich nicht verdient und trotzdem bat er seinen Vater darum. Jesus sagte damit eigentlich:»Ich werde diese Erde nicht mit einem negativen Gedanken oder Gefühl in mir verlassen, darum: Vater, vergib ihnen! Leer und ohne jegliche Negativität, Hass und Bitterkeit möchte ich vor dich treten!«

Jesus, der Sohn Gottes, entschied sich also, dem Negativen keinen Raum in seiner Seele zu geben. So möchte ich auch dich ermutigen, all das Schlechte, das all dem Guten von Gott Platz in unserer Seele raubt, jeden Tag wieder rauszukicken bzw. erst gar keinen Raum in deinem Herz zu geben!

Gott hat in jeden von uns Träume hineingelegt, die er wahr werden lassen möchte. Durchbrüche warten auf uns. So viel Gutes steht bereit, von uns entdeckt zu werden. Neue Freude will ausgelebt werden und Frieden und Ruhe wollen dein Herz überfluten. Sage zu Gott:

»Gott, ich will dir ganz bewusst mein Leben anvertrauen und deinen Segen in einer neuen Art und Weise sehen und erleben. Ich entscheide mich dazu, all das Negative in mir rauszukicken und bitte dich, dass du all dem seine Kraft und Macht nimmst. Ich will diesen Dingen keinen Raum mehr geben. Ich will das Gute und deinen Segen sehen und erleben. Ich will mit meinen Worten Träume wieder lebendig werden lassen und durch meinen Glauben sehen, wie Unmögliches möglich wird. Amen!«

RUHE

»Gott meint es gut mit mir. Er sagt in
der Bibel, dass alles, was in meinem
Leben passiert, letztendlich zu
meinem Besten dienen wird. Ich bin
in den Händen Gottes geborgen und
Gott wird nie zulassen, dass mir eine
Herausforderung, ein Schicksalsschlag
oder etwas Schlechtes in meinem Leben
mehr Schaden als Segen zufügt.«

Behalte deine Ruhe.

Vielleicht hast du auch schon festgestellt, dass dein Glaube durch dunkle Zeiten, durch Zeiten der Herausforderungen größer und stärker wird. In schwierigen und dunklen Zeiten formt und verändert Gott unseren Charakter. Und wenn wir es trotz der Widerstände schaffen, an Gott dranzubleiben, werden wir immer stärker und besser aus diesen Zeiten hervorgehen, als wir hineingegangen sind.

Doch die Frage, die sich jetzt stellt, lautet: Wie kommen wir erfolgreich durch solche Zeiten? Durch Zeiten, in denen es stürmt, in denen wir an unsere Grenzen kommen, in denen wir gegen eine Krankheit kämpfen, unsere Existenzgrundlage zu verlieren scheinen oder uns Zerstörung und Not droht? Die biblische Antwort klingt da recht einfach: indem wir unsere Ruhe bewahren und den Frieden und die Freude nicht verlieren.

Wenn es uns gelingt, unseren inneren Frieden zu bewahren, werden wir dadurch auch immer wieder neue Kraft finden.

Denn wenn wir ruhig und gelassen durch stürmische Zeiten gehen, haben wir uns ganz bewusst dafür entschieden, Gott für uns kämpfen zu lassen und nicht selbst für unser Recht zu sorgen. Darum, auch wenn es gerade stürmt in deinem Leben, in deiner Familie, in der Welt – aufgrund von Kriegen, einer Pandemie, Naturkatastrophen oder was auch immer –, entscheide dich ganz bewusst, ruhig zu bleiben. Lass dir deine Gelassenheit nicht nehmen. **Denn Gott kann und wird aus allen Situationen in unserem Leben, so ungerecht und hart sie auch sein mögen, etwas Gutes entstehen lassen.**

Sebastien Goldberg, Unsplash

Ich erinnere mich noch gut daran, als ich selber eine Entscheidung fällen musste. Es war im März 2020 und ein bis dato unbekanntes Virus – Corona – begann in der Welt das Kommando zu übernehmen. In der Schweiz war plötzlich alles zu. Spielplätze wurden abgesperrt, Kirchen, Schulen, Fitnesscenter, Läden (außer die mit Lebensmitteln), Versammlungsorte, Restaurants und vieles mehr wurde auf einen Schlag geschlossen. Homeoffice war das neue Modewort und Toilettenpapier wurde über Nacht zum neuen Luxusartikel. Und da waren wir. Völlig überrascht von einem Zustand, den wohl die meisten von uns nie für möglich gehalten hätten. In dieser Situation musste ich eine Entscheidung fällen. Ich hatte das Gefühl, dass Gott zu mir sagte:»Könu, jetzt hast du zwei Optionen, zwischen denen du wählen kannst. Entweder gerätst du jetzt in Stress, machst dir Sorgen und rechnest mit dem Schlimmsten. Oder du gehst mit mir in diese Zeit hinein; dann darfst du ruhig und gelassen bleiben und dich von mir führen lassen. Denn ich werde diese herausfordernde Zeit für euch als Kirche und für euch als Familie so gebrauchen, dass sie am Ende zu einem großen Segen wird. Was willst du?«

Ja, was wollte ich? Gute Frage. Die Seele schrie:»Köööööönu, das wird eine riesengroße Katastrophe!« Doch mein Glaube sagte mir:»Könu, das wird eine große Chance für euch werden. Nutzt die Zeit, holt das Beste heraus und macht euch bereit, denn Gott hat Wunder um Wunder für euch parat.« Ein paar Stunden später saßen wir mit dem Leitungsteam der Kirche zusammen und ich sagte:»Gott wird Wunder tun. Gott wird diese Zeit nutzen und unsere Kirche unglaublich boosten und uns viel stärker aus dieser Zeit hervorgehen lassen, als wir jetzt unterwegs sind. Seid ready – Corona wird zu einer Segenszeit für uns werden!«

Zwei Jahre später sitze ich wieder in einem Hotel an einem Schreibtisch – wie damals, als die Krise in Europa ihren Anfang nahm –, schreibe ein weiteres Buch und denke mit einem Schmunzeln an diese schwierige und herausfordernde Zeit zurück. Ich bin so dankbar, dass ich in diesem kurzen Moment der Entscheidung auf Gott und seine Verheißungen setzen konnte und mich nicht von all den Sorgen, den Ängsten und Fragen packen und einnehmen ließ. Corona wurde wirklich zu einer Zeit der Wunder. So vieles, was wir als Kirche erleben durften und heute haben, nahm seinen Anfang in der Corona-Zeit und wäre nie möglich gewesen ohne diese Pandemie, den Lockdown usw. Gott hat unsere Kirche durch Corona weitergebracht und es ist unglaublich, wie wir seine Versorgung und Führung erleben durften. Es ist nicht übertrieben zu sagen, dass unsere Kirche ohne Corona niemals da wäre, wo sie heute steht.

Ich möchte dir ein paar Beispiele erzählen, um dich zu dem Glauben zu ermutigen, dass Gott auch deine Zeiten der Krise zum Positiven nutzen will. Schau trotz Schwere, trotz Dunkelheit, trotz Fragen, trotz Sorgen und Ängsten auf ihn und verliere nicht die Ruhe. Mach dir bewusst:

Gott hat alles in seiner Hand.

Gott hat es unter Kontrolle und er wird nicht zulassen, dass diese Zeit mehr Schaden als Segen bringen wird.

Wir durften beispielsweise während der Pandemie erleben, wie unser YouTube-Channel, auf dem wir unsere Predigten veröffentlichen und den Livestream zeigen, ganz viele neue Abonnenten gewann und sich Leute aus dem ganzen deutschsprachigen Raum zu unserer Kirche zu zählen begannen. Zudem nahmen die Spenden an unsere Kirche unerklärlicherweise in einem Maß zu, wie wir es vorher noch nie erlebt hatten. Wir konnten viele strukturelle Veränderungen umsetzen, die Botschaft der Hoffnung erreichte plötzlich Menschen weit über unsere geografischen Grenzen hinaus. Neue Angebote entstanden, wir konnten unser Gebäude umbauen, Menschen kamen zum Glauben und auch privat war die Gunst Gottes auf unserer Seite. **Obwohl wir vielen Herausforderungen in die Augen sahen, wurden wir stärker, unser Glaube wurde größer, Gottes Nähe breitete sich intensiver aus und unsere Erkenntnisse über sein Wort, über seine Zusagen und über seine Gedanken wurden vertieft.**

So wird Gott auch deine Krisen gebrauchen, um dich weiterzuführen. Verliere einfach nicht die Ruhe. Bleib ruhig und gelassen, das Wunder wird kommen. Gott ist auf deiner Seite, und irgendwann wirst du zurückschauen und Gott dafür loben und ihn preisen. Behalte dein Lachen, behalte deinen Frieden, behalte deine Gelassenheit, denn Gott ist für uns. Der Gott, der das ganze Universum erschaffen hat und jetzt gerade zu dir sagt:

»Ich werde immer für dein Bestes sorgen, wenn du mich nur machen lässt!«

Tritt ruhig mal einen Schritt zurück, hör auf, deine Kämpfe selber zu kämpfen, trage deine Herausforderungen mit einem Lachen und finde trotz der Not in deinem Leben oder in der Welt, trotz der Schwere und all der Ungerechtigkeiten immer wieder einen Grund, dich zu freuen und dankbar zu sein. Mit Gott in deinem Leben gibt es ganz gewiss einen!

Paulus rät dies den Kolossern und somit auch uns:

Er, dem alle Macht und Herrlichkeit gehört, wird euch mit der ganzen Kraft ausrüsten, die ihr braucht, um in jeder Situation standhaft und geduldig zu bleiben.

Kolosser 1,11 NGÜ

Gott möchte uns immer wieder mit seiner Kraft ausrüsten, die wir brauchen, um stets die Ruhe zu bewahren und gelassen zu bleiben. Diese Zusage kommt auch in einem Song vor, den ich liebe und den wir in unserer Kirche singen. Wir haben das Lied aus dem Englischen übersetzt und kurz vor Corona in unserer Kirche eingeführt.

»Wenn die Welt untergeht, die Menschheit ganz versagt, meine Seele weiß, wer alles zusammenhält. Ganz egal, was kommt, nichts wird mir den Mut nehmen, denn meine Seele weiß, wer alles zusammenhält.«

HOPE & LIFE Music, aus dem Englischen von Lakewood Music

Als wir diesen Song zum ersten Mal in der Corona-Krise sangen, sagte Gott zu mir: »Könu, das ist der Song dieser Zeit!« Es ist ein Lied für Krisen wie Corona, für Zeiten persönlicher Krisen, für die Zeit, in der wir leben, geprägt von all den Naturkatastrophen, Kriegen, Unsicherheiten, persönlichen Fragen und Nöten, Konflikten, die wir austragen, und Herausforderungen, die wir haben. Mit diesem Lied sagen wir:

»Ich schaue auf Gott, er wird mir Frieden geben. Ich befehle der Seele, still zu sein, denn meine Hoffnung liegt in meinem Glauben an Gott. Gott hat Ruhe und neue Kraft für mich bereit. Auch wenn alles neben mir zerbricht, die Welt am Untergehen ist und ich eigentlich nicht mehr weiterweiß, finde ich bei Gott wieder Frieden, Ruhe und Zuversicht. Denn mein Gott und sein Wort, seine Zusagen werden nie untergehen.«

Dies verspricht uns Jesus in der Bibel:

»Himmel und Erde werden vergehen, aber meine Worte werden nicht vergehen.« *Lukas 21,33* NGÜ

Alles hat ein Ende. Alles wird mal vergehen. Auch dein Leben hier auf Erden. Auch unsere Erde. Alles wird sich einmal auflösen und all das, was wir heute sehen und glauben zu haben, kann uns in nur einem Moment genommen werden. Dies lernen wir spätestens in Zeiten einer Pandemie, in Zeiten des Krieges, der Unruhe, der Katastrophen. Doch eine Sache wird bestehen bleiben. Es gibt etwas, das nie untergehen und seinen Wert verlieren wird, und zwar die Worte Gottes.

Gottes Zusagen bleiben gültig.

Seine Verheißungen bleiben bestehen.

Seine Worte, seine Versprechen an

uns werden ihre Erfüllung finden.

Wenn nicht hier auf Erden, dann im ewigen Leben, welches wir mit Gott zusammen verbringen werden. Darum können und werden wir mit Gott zusammen immer wieder neue Ruhe und Frieden finden.

Auch Mose, ein Mann aus der Bibel, musste sich einer großen Herausforderung stellen. Er war von Gott dazu berufen, das Volk Gottes aus der Gefangenschaft in Ägypten in die Freiheit zu führen. Gott gebrauchte dazu zehn Plagen, mit denen er die Ägypter in die Pfanne haute, sodass sein Volk gehen konnte. Sie zogen los, Richtung Freiheit. Mose an der Front und hinter ihm ein Volk von einer Million Menschen, die ihm ihr Vertrauen schenkten. Doch dann unterwegs blockierte plötzlich das Meer ihren Weg. Da sich die Ägypter in der Zwischenzeit von den Strapazen, die Gott ihnen zugefügt hatte, erholt hatten, verfolgten sie die Israeliten. Dann stehen sie da: Hinter ihnen kommen die Ägypter. Voller Wut und mit einem unglaublichen Hunger nach Rache reiten sie auf sie zu. Vor ihnen das Meer. Die Lage scheint aussichtslos. Logisch, wollen sie aufgeben, logisch, klagen sie Mose an und logisch, verlieren sie ihren Mut. Doch Mose blieb ruhig, er kannte Gott und sprach zum Volk:

»Habt keine Angst! Wartet ab und seht zu, wie der Herr euch heute retten wird. Ihr werdet Zeugen sein, wie die Ägypter ihre größte Niederlage erleben. Der Herr wird für euch kämpfen, ihr selbst braucht gar nichts zu tun.«
2. Mose 14,13–14 GNB

Gott stellte sich den Ägyptern entgegen und sein Volk wurde wieder einmal Zeuge davon, wie gewaltig ihr Gott sie beschützte und wie er sich zu ihnen stellte. So wird der Herr auch für uns kämpfen. Gott wird sich immer wieder zu uns stellen. Kommt eine Krise, kommt eine Not, kommt eine

Herausforderung, dann dürfen wir einfach ruhig und gelassen bleiben. Gott wird für uns kämpfen. Gott wird sich um unsere Feinde kümmern. Und was machen wir? Wir schauen zu und staunen, wie sich Gott unserer Not, unserer Probleme annimmt.

Noch am Abend weinen wir – doch am Morgen kehrt wieder Jubel ein. *Psalm 30,6b* NGÜ

Egal, wie die Situation auch aussehen mag, mit Gott an unserer Seite haben wir eine übernatürliche Kraft, die uns zur Verfügung steht und die in nur einer Nacht Außergewöhnliches zu tun vermag.

Wenn wir es schaffen, auf Gott zu schauen, werden wir Ruhe finden.

Wenn wir es schaffen, Gott für uns kämpfen zu lassen, werden wir neuen Frieden entdecken.

Wenn wir es schaffen, Gott zu vertrauen, werden die Sorgen von uns weichen.

In der Natur finden wir ein Phänomen, welches dies sehr schön illustriert. Sicher hast du schon einmal vom »Auge des

Sturms« gehört. Laut Wikipedia wird damit in der Meteorologie das nahezu windstille Zentrum eines Wirbelsturms bezeichnet. Rotiert zum Beispiel ein tropischer Wirbelsturm schnell genug, kann sich ein Auge bilden. Das Auge ist ein relativ wolkenfreier, schwachwindiger Bereich um das Rotationszentrum, in dem kalte trockene Luft von oben herabsinkt. Ein Auge kann in Ausnahmefällen bis zu 320 km Durchmesser erreichen, im Schnitt aber liegt der Durchmesser unter 50 km. Ist das nicht gewaltig? In vielen Stürmen gibt es einen Ort der Ruhe. Dies ist für mich ein Bild für unseren Glauben.

Wie es in der Natur ein solches Phänomen gibt, werden wir auch mit Gott zusammen immer wieder den Ort der Ruhe finden. Und je größer der Sturm in unserem Leben wütet und tobt, denk daran, umso größer und markanter ist der Ort der Ruhe, an dem Gott auf dich wartet, um zu übernehmen und für dich zu kämpfen.

Dies sehen wir auch bei Jesus. Eines Tages war Jesus mit seinen Jüngern auf dem See Genezareth unterwegs. Plötzlich überraschte sie ein Sturm. Der Sturm wurde heftiger und gewaltiger und es sah so aus, als seien das Boot und seine Insassen in ernsthafter Gefahr. Doch was machte Jesus? Er schlief. Seelenruhig. Die Jünger bekamen mehr und mehr Angst, sie weckten Jesus und riefen: »Meister, macht es dir nichts aus, dass wir umkommen?« (Markus 4,38b NGÜ). Lesen wir mal, wie es weiterging:

Jesus stand auf, wies den Wind in seine Schranken und befahl dem See: »Schweig! Sei still!« Da legte sich der Wind, und es trat eine große Stille ein. »Warum habt ihr solche Angst?«, sagte Jesus zu seinen Jüngern. »Habt ihr immer noch keinen Glauben?« *Markus 4,39–40* NGÜ

Warum konnte Jesus Ruhe und Frieden in den Sturm hineinbringen? Er selbst hatte die Ruhe und den Frieden Gottes in sich. Er war zwar dem Sturm ausgesetzt, aber er ließ den Sturm nicht in sich hinein. Darum konnte er auch bedenkenlos weiterschlafen, obwohl es um ihn herum tobte. Als er zu seinen Jüngern sagte:»Habt ihr immer noch keinen Glauben?«, meinte er einen Glauben, der uns hilft, mit den Stürmen umzugehen. Zu glauben heißt nicht, dass wir keine Stürme mehr erleben. Es bedeutet auch nicht, dass immer alles rundläuft, sonst hätte Jesus zu ihnen gesagt:»Warum seid ihr nur so schwach und habt keine Kraft?« Nein, er sprach seine Jünger auf ihren Glauben an und sagte damit:»Klar werdet ihr Stürme erleben, ihr werdet Probleme haben, ihr werdet sogar um meines Namens Willen verfolgt werden, ihr werdet ausgelacht, ausgegrenzt, gemieden und nicht verstanden werden. Aber wenn ihr Glauben habt, dann können euch diese Stürme nichts anhaben. Tief im Inneren werdet ihr euren Frieden und eure Ruhe bewahren.«

Vielleicht bereiten dir gewisse Bereiche in deinem Leben große Sorgen. Möglicherweise hast du finanzielle Nöte, wirst am Arbeitsplatz schlecht behandelt oder schlägst dich mit einer Sucht oder einer Krankheit herum, die dich ausbremsen möchte. Vielleicht belastet dich eine Angst oder ein Problem. Und dies alles droht dir die Freude, den Frieden und die Ruhe Gottes zu rauben. Dann möchte ich dich ermutigen, nicht mehr zu dir selbst zu sagen:»Wenn ich dies überwunden habe, dann habe ich Ruhe.« Denn das nächste Problem, die nächste Herausforderung wird kommen. Lerne stattdessen, durch deinen Glauben die Ruhe in deinen Stürmen zu finden.

Vertraue Gott und schaue auf ihn, er wird für dich kämpfen und dir die nötige Ruhe, Kraft und Gelassenheit geben, erfolgreich mit allem umzugehen und nicht daran zu zerbrechen.

Denn Gott kann jede noch so große Niederlage in einen Sieg für dich verwandeln.

Jeder noch so starke Gegenwind in unserem Leben kann zu einem Antrieb werden. Jede noch so hoffnungslose Situation kann sich zu deinem größten Fortschritt entwickeln.

Finde dur
deinen G
die Ruhe
deinen S

ch

auben

n

irmen.

MEINE GEDANKEN

»Ich bin fokussiert. Ich hole das Beste
aus meinem Leben heraus und halte
mir stets meinen Traum, meine Vision
und die Zusagen Gottes vor Augen.
Alles wird mir möglich sein, weil ich
mich auf das konzentriere, was Gott
mir versprochen und zugesagt hat.«

Mein Denken ist matchentscheidend für mein Leben.

Ich erinnere mich noch gut daran, wie wir vor über 20 Jahren begonnen haben, eine neue Kirche im Emmental zu gründen. Wir sangen in unseren Gottesdiensten damals ein Lied, das uns die ersten paar Jahre begleitete. Der Song heißt »History Maker«. Wir alle sangen und manchmal schrien wir es auch so richtig in den Raum hinein, dass wir für unseren Gott im Himmel Geschichte schreiben wollen. Dass wir für unseren Glauben einstehen, nie stehen bleiben und für unseren Gott vorwärtsgehen werden. Der Raum, in dem wir uns in den Anfängen trafen – zuerst eine Wohnstube und dann ein kleinerer Saal mit Platz für 30 Leute –, war mit Glauben und Zuversicht erfüllt. Nichts schien uns, den paar Menschen, die du an zwei Händen abzählen konntest, mit Gott zusammen unmöglich zu sein. Wir sahen vor unserem inneren Auge, wie Gott unseren Glauben gebrauchen würde, um eine relevante und zeitgemäße Kirche im Emmental, wenn nicht gar für das ganze Land entstehen zu lassen. Die Vorstellungen und Visionen waren so stark, dass sie fast real erschienen, und nichts konnte uns aufhalten. Jedes Mal ging ich nach solchen Treffen mit noch mehr Ideen und Glauben erfüllt nach Hause und wir alle wussten und spürten tief in unserem Herzen, dass Gott etwas mit dieser kleinen Gruppe bewegen und seine Geschichte mit uns schreiben würde.

Wenn ich mich heute an diese Zeit erinnere, werde ich nicht wehmütig, sondern mein Herz wird erneut mit Glauben erfüllt, weil jetzt, über 20 Jahre später, immer noch derselbe Wunsch, dieselbe Leidenschaft und dieselbe Vision die Grundlage unserer Kirche ist. Mehr noch, statt dass die Leidenschaft für Gott und seine Träume abgenommen hätte, hat sie zugenommen. Wir wünschen uns umso mehr, dass Gott die Kirche gebrauchen wird, um seine Botschaft der Hoffnung in die Schweiz, Europa und die ganze Welt hinauszutragen.

Jeder von uns hat tief in sich den Wunsch, gebraucht zu werden.

Jeder möchte mit seinem Leben etwas bewegen und Geschichte schreiben. Die meisten von uns möchten mit ihrem Leben positive Spuren und ein Erbe für die nächste Generation hinterlassen, sei es geistlich, materiell oder beides. **Der Wunsch, etwas mit unserem Leben zu bewegen, ist tief in uns verankert. Doch damit dieser Wirklichkeit werden kann, müssen wir verstehen, dass unser Denken über uns, das Leben, Gott und unsere Mitmenschen matchentscheidend ist.**

Viele Menschen starten mit großen Träumen, starken Visionen und genialen Vorstellungen von all dem, was sie einmal bewegen und erleben könnten. Sie wollen mal ein Flugzeug fliegen, Menschen aus brennenden Häusern retten, andere mit ihren Büchern inspirieren oder sie mit ihren Liedern beschenken. Sie wollen eine Familie gründen und ihren Kindern etwas weitergeben, die Welt bereisen und Riesen in ihrem Leben besiegen, eine Erfindung machen oder einfach nur treu und dankbar durchs Leben gehen und so eine Inspiration für andere werden. Doch leider stehen wir alle in der Gefahr, unsere Visionen zu verlieren und unsere Träume zu begraben, wenn wir älter werden. Je länger wir leben, desto einfacher ist es, aufzugeben und sich selbst zu sagen:»Ich werde diese Herausforderung nie überwinden, ich werde diese Sucht nicht mehr besiegen, ich werde nie mehr gesund werden und diese Not gehört halt jetzt zu meinem Leben. Gott kann nichts Geniales mehr mit mir bewegen, weil meine Fehler viel zu groß sind.«

Statt an unseren Träumen festzuhalten, lassen wir sie los. Wir geben sie auf, beerdigen sie und geben uns mit einem mittelmäßigen Leben zufrieden. Die Frage in diesem Zusammenhang lautet: Wo beginnt der Sieg und wo die Niederlage in unserem Leben? Beides nimmt immer seinen Anfang in unserem Denken. Darum sagt ein Schreiber in der Bibel auch:

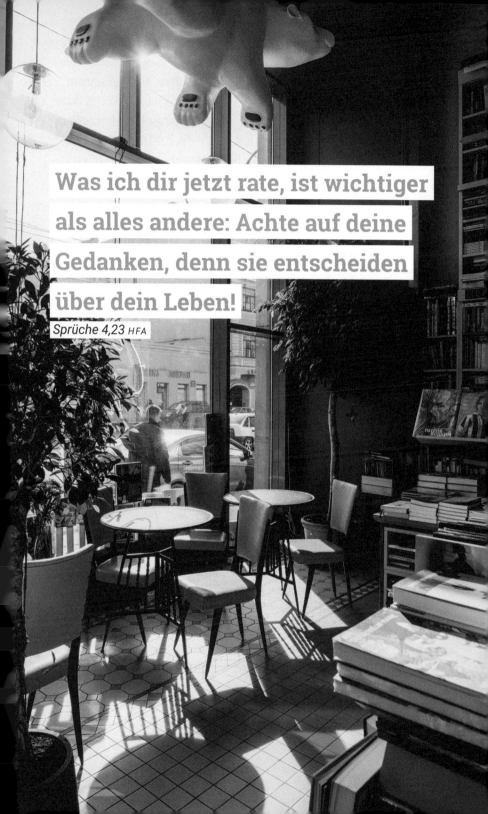

Was ich dir jetzt rate, ist wichtiger als alles andere: Achte auf deine Gedanken, denn sie entscheiden über dein Leben!

Sprüche 4,23 HFA

Sind deine Gedanken kraftvoll oder sprechen sie andauernd von deinen Niederlagen, deinem Versagen, deinen Nöten oder Unzulänglichkeiten? Helfen dir deine Gedanken weiterzukommen oder verletzen sie dich und deine Seele? Unsere Gedanken entscheiden letztendlich über den Kurs unseres Lebens.

Sei vorsichtig, was du denkst,

und entscheide dich immer wieder,

guten und hoffnungsvollen Gedanken

in deinem Inneren Raum zu geben.

Jeden Tag von neuem sollten wir unsere Gedanken mit den Gedanken Gottes in Einklang bringen, denn Gottes Gedanken haben Kraft, und wie wir über uns, unsere Zukunft und unser Leben denken, wird uns schlussendlich Richtung Sieg und Segen Gottes bringen.

Vielleicht denkst du jetzt: »Ja, weißt du, mir geht es ja, trotz meines kleinlichen Denkens, eigentlich noch recht gut. Ich habe es ja nicht schlecht und irgendwie wird es schon immer wieder gut. Warum sollte ich mich jetzt dafür entscheiden, ganz bewusst positive und kraftvolle Gedanken zu pflegen und mich darauf zu konzentrieren?« Gute Frage, ich denke die Antwort ist einfach: Wir sind von Gott nicht dazu geschaffen, ein Leben im Mittelmaß und nur für uns selbst zu führen. Nein, Gott möchte unser Leben immer wieder zu einem Segen für die Menschen in unserem Umfeld und darüber hinaus werden lassen.

Zwei Männer, die mit ihrem Denken einen Unterschied machten, sind Josua und Kaleb aus der Bibel. Sie waren Teil eines Kundschafterteams, das beauftragt war, ein Land auszuspionieren, das Gott seinem Volk geben wollte. Doch zehn der zwölf Kundschafter – nämlich alle bis auf Josua und Kaleb – verloren ihren Glauben daran und gaben, nachdem sie das Land gesehen hatten, ihre Hoffnung auf einen Sieg auf. Statt sich auf die Zusage Gottes zu konzentrieren, gaben sie sich den Umständen hin, die ihnen sagten, dass sie das Land nie erobern könnten. Mit diesem Mindset, mit all diesen negativen Gedanken kamen die zehn Männer ins Lager zurück und erklärten dem Volk Gottes, dass diese Eroberung nie klappen werde. Die negative Botschaft machte die Runde im ganzen Lager der Israeliten. Obwohl sich Josua und Kaleb für Gott und dessen Zusagen einsetzten und weiterhin kraftvolle und positive Gedanken pflegten, konnten sie das Volk nicht mehr vom Sieg überzeugen. Als Konsequenz davon musste das ganze Volk Israel 40 Jahre lang warten, bis Gott ihm wieder die Chance gab, das Land einzunehmen.

Zwei sagten: »Es wird gehen.« Zehn sagten: »Das wird nie klappen.« Ist es heute nicht oftmals ähnlich? Ich schätze, 80 Prozent der Menschen sind negativ und kritisch und nur etwa 20 Prozent sind positiv eingestellt und rechnen mit der Gunst und der Kraft Gottes! 80 Prozent fokussieren sich auf ihre Probleme und leben in Angst, Sorge und dauerndem Stress. Sie sagen uns, dass sie nie mehr gesund würden, Gott keinen Plan für ihr Leben habe und sie sich am besten dort, wo sie sind, niederlassen und keine großen Träume mehr hegen sollten, weil sie ja eh nur enttäuscht würden. 20 Prozent hingegen sagen:

»Ich werde mein Ziel erreichen, ich werde all das Gute, all den Segen, den Gott für mich bereithält, erleben. Ich bin ein Sieger,

zusammen mit Gott werde ich alle Herausforderungen überwinden und ich werde das versprochene Land, das Gott mir geben will, einnehmen. Mit der Hilfe Gottes werde ich mich all den Riesen in meinem Leben stellen und ich werde sehen, wie Gott mir den Durchbruch in meinem Alltag, in meinen Finanzen, in meiner Gesundheit, in meinem Geschäft und in meinen Nöten schenken wird.«

Diese 20 Prozent stellen sich gegen den Mainstream, und auch wenn alle um sie herum sagen: »Gib besser auf, das ist nicht möglich!«, behalten sie ihr kraftvolles Denken, das mit dem Sieg Gottes rechnet. Sie sagen wie Josua und Kaleb:

> »Das Land, das wir erkundet haben, ist ein sehr gutes Land, das von Milch und Honig überfließt! Wenn der Herr uns gut ist, wird er uns in dieses Land hineinbringen und es uns geben. Lehnt euch nicht gegen ihn auf! Habt keine Angst vor den Bewohnern des Landes! Wir werden im Handumdrehen mit ihnen fertig. Sie sind von ihren Göttern verlassen, aber uns steht der Herr zur Seite. Habt also keine Angst vor ihnen!« *4. Mose 14,7–9 GNB*

Eigne dir ein Denken an, wie Josua und Kaleb es hatten.

Traue Gott Großes zu, auch wenn die Welt um dich herum versucht, dich zu entmutigen.

Rechne wieder mit einem Gott, der Wunder tun kann, einem Gott, der auf deiner Seite ist und immer, wirklich immer dein Bestes im Sinn hat.

Josua und Kaleb waren die einzigen ihrer Generation, die nach 40 Jahren in der Wüste ins versprochene Land ziehen durften. Kaleb konnte seinen Kindern zudem noch eine einzigartige Stadt auf den Hügeln hinterlassen, die er vor 45 Jahren gesehen hatte, als er das Land auskundschaftete. Er hatte den Traum, diese Stadt einmal zu erobern, nie losgelassen.

Halte an Gottes Zusagen fest.

Halte auch du an Gottes Zusagen fest, passe dein Denken an und erwarte, dass Gott auf deiner Seite ist und dich mit seinen Wundern überraschen will.

Ich gehe hin und wieder joggen. Dann ziehe ich am frühen Morgen meine Laufschuhe an und sprinte los. Eines Morgens dachte ich:»Heute wird es schwierig, diesen Lauf zu schaffen. Ich bin eigentlich noch so müde und müsste noch ein bisschen länger schlafen.« Und dann hatte ich verschiedene Ausreden im Kopf, die mich davon abhalten wollten, den Lauf zu machen. Aber ich konnte mich nicht drücken, denn ein Freund wartete auf mich. So machte ich mich auf und überlegte mir, während ich langsam zu laufen begann, wie ich meinen Freund davon überzeugen könnte, die Strecke abzukürzen. Nach einem halben Kilometer trafen wir uns, liefen zusammen, redeten miteinander und ehe es mir überhaupt dämmerte, war der Lauf schon geschafft. Wegen unserer Gespräche konnte ich mir gar keine Gedanken mehr machen, ob ich es schaffen würde oder nicht. Ich lief einfach.

Ist es in unserem Leben nicht manchmal genauso? Bevor wir es überhaupt mal versuchen, haben wir in unseren Gedanken schon aufgegeben. Bevor wir etwas Neues wagen, haben wir uns selber schon x Gründe gegeben, warum wir es nicht tun sollten. Und dann sagen wir Dinge wie:»Ich kann mit diesen Leuten an meinem Arbeitsplatz einfach nicht umgehen, sie sind so seltsam, ich werde nie gut mit ihnen harmonieren. Ich kann diese Krankheit einfach nicht mehr ertragen, ich gebe besser auf, ich habe keine Kraft, weiter zu hoffen, zu glauben und ein Wunder zu erwarten.«

Wir geben auf, bevor wir es versucht haben. Doch wenn wir beginnen, unser Leben mit Gott zu teilen, haben wir jemanden, der jeden Tag an unserer Seite mitgeht und uns immer wieder zuruft: »Mit mir und durch mich kannst du alles schaffen, erreichen und vollbringen, was ich mit dir tun möchte. Denn ich habe schon alles in dich hineingelegt, was du brauchst, um dein bestes Leben zu leben. Richte dich auf mich aus, schaue auf mich. Gib nicht auf, die Kraft ist in dir! Du kannst es schaffen!«

Statt dich all den Ausreden hinzugeben, spreche wieder vom Sieg. Die Gnade Gottes wird kommen, dein Leben immer wieder neu beleben, und du wirst staunen, was mit Gott zusammen alles möglich ist. Wenn du morgens aufstehst, solltest du dir als Erstes sagen, wer du in den Augen Gottes bist.

Lade Gott ganz bewusst in deine Gedanken ein und beginne den Tag mit ihm.

Sage zu dir: »**Heute wird ein guter Tag. Egal, was auf mich wartet, mit Gott zusammen werde ich jede Herausforderung erfolgreich bestehen und das Beste aus dem Tag herausholen. Ich werde all den Segen entdecken, den Gott für mich bereithält. Ich gehe nicht mehr allein durchs Leben, Gott ist an meiner Seite. Deshalb bin ich stark, zuversichtlich und fokussiert. Ich habe die Gunst Gottes auf meiner Seite. Gott ist für mich und sorgt für mich. Ich bin so gespannt, was ich heute alles mit Gott zusammen erleben, erreichen und überwinden werde.«**

Bevor wir das Handy checken, bevor wir unsere E-Mails lesen, bevor wir schauen, wie das Wetter wird, sollten wir unsere

Gedanken mit den Gedanken Gottes abgleichen.

Stimme deine Gedanken täglich mit den Gedanken Gottes ab.

Bringe deine Gedanken täglich in Einklang mit den Gedanken Gottes. Ordne deine Gedanken dem unter, was Gott über dich sagt. Passe deine Gedanken den Zusagen Gottes an und beginne, dich wieder so zu sehen, wie Gott dich sieht. Das ist ein kraftvolles Denken! Ein Denken, das schlussendlich den Unterschied zwischen Sieg und Niederlage markieren wird. Dein Denken entscheidet, ob du einen guten und erfolgreichen

Tag haben wirst. Dein Denken kann dich auf den Weg zu deinem gelobten Land bringen und ist entscheidend dafür, ob du vorwärtskommen wirst oder nicht.

Der Psalmist aus der Bibel beschreibt es so:

> Wer dem HERRN vertraut, ist wie der Berg Zion; er steht für immer unerschütterlich und fest. So wie sich die Berge rings um Jerusalem erheben – so umgibt der HERR schützend sein Volk, jetzt und für alle Zeit. *Psalm 125,1–2* HFA

Dem Herrn vertrauen – das bedeutet, wir legen unser Leben immer wieder in die Hände Gottes. Wir vertrauen ihm und seinen Zusagen. Wir trauen es Gott zu, dass er uns führen und leiten wird, und wir sind im Einklang mit seinen Gedanken.

Es ist wichtig zu verstehen, dass wir entscheiden, wem und was wir unsere Gedanken unterordnen. Ordnen wir sie der Welt, den Ängsten, dem Stress, der Unruhe, den Nöten und all dem, was uns täglich vereinnahmen möchte, unter, oder passen wir sie Gott und seinen Zusagen an? Wenn du immer wieder sagst:»Ich werde nie gesund, ich werde diese Depression, diese Sucht, diese Angst, diese Herausforderung in meinem Leben nie hinter mich bringen«, dann bist du nicht im Einklang mit Gott. Nirgendwo in der Bibel finden wir Aussagen, in denen Gott über sich sagt:»Ich bin schwach, ich bin entmutigt, ich habe Angst, dass der Feind mir das Beste rauben wird.«

Nein, Gott sagt stattdessen:

»Ich bin allmächtig. Ich habe mit meinen Worten die ganze Welt erschaffen.

Ich habe die Sterne ins Universum gesetzt und ich halte die ganze Welt, das ganze Universum in meiner Hand.«

In der Bibel lesen wir über die Begegnung von Gott und Mose. Als Mose Gott fragt, wie denn sein Name sei, antwortet Gott:

»Ich bin, der ich bin! Darum sag den Israeliten: ›Ich bin‹ hat mich zu euch gesandt.« *2. Mose 3,14 HFA*

Mein Name ist »Ich bin«, sagt Gott. Und so sagt er zu Mose und auch zu dir und mir: **»Ich bin die Kraft, ich bin die Heilung, ich bin die Bestimmung. Ich bin der Überfluss und Reichtum, ich bin die Liebe und die Hoffnung. Ich bin der Schutz und ich bin Gunst und Gnade. Ich bin alles für dich.«**

Wenn wir im Einklang mit den Gedanken Gottes sind, können wir gar nicht mehr denken, dass wir zu klein, zu schwach oder zu unbedeutend seien. Dann können wir auch nicht denken, dass wir besiegt seien, dass wir es nie schaffen würden und eh keinen Unterschied mit unserem Leben machten.

Nein, wenn wir unser Denken in Einklang mit Gott bringen, werden wir mutig, groß, stark, gunst- und segensorientiert von uns denken.

Und wenn negative Gedanken uns einzunehmen versuchen, dürfen wir immer wieder sagen:

»Mit Gott an meiner Seite werde ich alle Herausforderungen erfolgreich überwinden. Wenn Menschen und Stimmen gegen mich sind und mir sagen, ich sollte besser aufgeben, trete ich dem entgegen und bekenne: Mein Gott sitzt immer noch auf dem Thron und das letzte Wort wird nicht meine Krankheit, meine Not, meine Sucht, meine Herausforderung haben, sondern mein Gott. Sein Wort wird ein Wort des Sieges, des Durchbruchs, der Heilung und des Segens sein!«

PLAYLIST

»Ich bin geliebt. Gottes Liebe zu mir und
seine Begeisterung über mich sind stärker als
jegliche Fehltritte, die ich gemacht habe.
Gott will mein Bestes und gibt mir immer
wieder eine neue Chance. Ich gestalte mein
Leben mit Gott, darum wird mich seine
Gnade weiterbringen.«

Spiel den richtigen Song.

Ein paar Wochen vor Weihnachten und ich bin in meinem Element. Ich liebe diese Zeit. Das ganze Haus wird schon Wochen zuvor auf Weihnachten getrimmt. Ab Mitte November lassen wir nur noch Weihnachtsmusik laufen und »Last Christmas, I gave you my heart ...« trällert immer wieder aus unseren Boxen. In dieser Vorbereitungszeit habe ich einmal eine besondere Entdeckung gemacht: Es gibt tatsächlich einen Weihnachts-Radiosender, der das ganze Jahr über Weihnachtshits rauf und runter spielt und einfach nicht zum Schweigen gebracht werden kann.

So wie mein Soundsystem zu Hause einen Weihnachtssong nach dem anderen spielt, haben wir auch in unseren Gedanken ein Soundsystem. Auch dieses spielt die ganze Zeit Lieder ab; Songs, die uns sagen, wer wir sind, was wir sind und was alles in uns steckt – oder eben nicht. Leider sind diese Lieder, die viele Menschen tagein, tagaus in ihren Gedanken laufen lassen, negativ. Die Songs sagen ihnen, dass sie nichts wert sind, nichts erreichen, Verlierer, nicht liebenswert, attraktiv und schön genug für diese Welt sind. Dieses Soundsystem in unseren Gedanken läuft und läuft, und wenn wir nichts unternehmen, hören wir immer wieder dieselbe Art von Musik. Doch das Simple wie Geniale an diesem System ist, dass wir einfach den Kanal wechseln können. Wenn uns zu Hause nach einer Weile all die »Jingle Bells« und »Last Christmas« nur noch aus den Ohren heraushängen, können wir einfach eine andere Playlist anwählen.

Das gilt auch für unser Inneres – wir entscheiden schlussendlich, was für Lieder in unseren Gedanken abgespielt werden. Wir entscheiden, welche Playlist wir laufen lassen. Ist es die

Playlist von Gottes Widersacher, bei der die Songs alte Verletzungen aus der Kindheit oder aus vergangenen Beziehungen wieder aufreißen? Oder bei der Erinnerungen an Menschen hochkommen, die zu früh gegangen sind? Es sind Lieder, die keinen Glauben an uns vermitteln und uns immer wieder sagen: »Du bist nicht gut genug. Du wirst nie erleben, wie deine Träume wahr werden. Deine Ehe ist nicht mehr zu retten. Du bist nicht talentiert genug, um deine Ziele zu erreichen, du bist ein Verlierer.« Oder lassen wir die Playlist von unserem Schöpfer laufen? Das sind Songs, die uns sagen, wer und was wir in Gottes Augen sind, und die uns immer wieder all seine Verheißungen in Erinnerung rufen. Dabei fallen Aussagen wie:

»Du bist mein Meisterwerk.

Du bist nicht aus Zufall auf dieser Welt.

Gott hat einen Plan für dein Leben

und mit ihm zusammen wirst du alles

erreichen, wozu er dich geschaffen hat.

Du bist stark. Du bist ein Sieger, du bist

wunderschön, du bist liebenswert.

Du bist genau die richtige Person am

richtigen Ort und Gott hat noch so viel

Gutes für dich bereit.«

Elvira Serrano... Parsk

Dass wir den richtigen inneren Song laufen lassen müssen, lernte ich auch, als ich mich vor einigen Jahren darauf vorbereitete, einen Marathon zu laufen. Alleine im Wald, wenn ich an meine körperlichen Grenzen stieß, kam mir immer wieder der Leiter des Turnvereins aus meiner Kindheit in den Sinn. Er glaubte überhaupt nicht an meine läuferische Begabung und sagte mir, dass ich es besser sein lassen solle, zu versuchen, mehr als 500 Meter zu laufen. Irgendwie verstehe ich ihn auch, denn ich war damals als Jugendlicher überhaupt nicht sportlich und nach einem Kilometer war ich total erschöpft, kämpfte gegen Seitenstechen, das mich erbarmungslos ausbremste, und schleppte mich irgendwie ins Ziel.

Und dann, gut 30 Jahre später, hat dieser unbegabte Läufer das Gefühl, einen Marathon laufen zu können? Echt? Doch Gott hat mich immer wieder, wenn ich kurz davor stand, aufzugeben, neu motiviert, indem mir ein Gedanke sagte: »Könu, dein Vater hat als junger Mann viele Langstreckenläufe absolviert, dieselbe DNA ist in dir – du schaffst das!« Dann erinnerte ich mich an all die Medaillen, die ich als kleiner Junge bei meinem Vater entdeckte, und sagte mir: »Könu, noch ein paar Meter, bleib dran, du schaffst das, du hast die Gene deines Vaters.« Und so trainierte ich. Zuerst schaffte ich einen Kilometer, dann zwei, dann drei usw. Eines Tages lief ich über 21 Kilometer und war völlig überrascht von mir selbst.

So schaffte ich es auch, als ehemals unsportlicher Jugendlicher, mich an die Startlinie eines Marathons zu begeben. Und ich erinnere mich noch gut an den Moment, als ich nach 30 Kilometer wie gegen eine unsichtbare Wand lief und einfach nicht mehr konnte. Keine Kraft mehr, kein Wille mehr, einfach fertig. Da war die Wahl des richtigen Songs in meinen Gedanken maßgebend, damit ich das Ziel noch erreichte. Ich habe mir dann, Meter für Meter, immer wieder gesagt:»Könu,

Jeden Tag NEU

du schaffst das. Diese Ermüdung ist nur vorübergehend, neue Kraft wird kommen. Gib nicht auf. Kämpfe, bleib dran, geh vorwärts Richtung Ziel. Du wirst das schaffen, du hast die DNA deines Vaters in dir. Vergiss nicht, dein Vater hat einen 100-Kilometer-Lauf absolviert und es unter erschwerten Bedingungen – er verpasste den Verpflegungsposten – trotzdem ins Ziel geschafft. Du wirst es auch schaffen!«

So wie ich mich motivierte, mein Ziel doch noch zu erreichen, dürfen wir uns jeden Tag von neuem selber Mut zusprechen und zu uns sagen:

»Mein Vater im Himmel hat mich erschaffen. Ich trage die DNA eines Siegers in mir. Gott hat mit meinem geistlichen Bruder Mose das Meer geteilt und sein Volk auf die andere Seite geführt. Mit dem Heiligen Geist ist auch in mir übernatürliche Kraft. Gott hat mit meinem anderen Bruder, David, Goliat, den angeblich unbesiegbaren Riesen, nur mit einer Steinschleuder ins Jenseits katapultiert.

Auch in mir ist Mut, Glaube und eine göttliche Kraft, mit der ich mich meinen unmöglichen Situationen stellen kann.

Gott hat zudem meine Schwester Ester gebraucht, um durch sie sein Volk zu retten, weil sie den Mut hatte, sich dem König zu stellen und durch ihre Art sein Herz erreichte, sodass er ihr Volk vor dem Genozid rettete. So wird Gottes Geist auch durch mich reden, mir die richtigen Worte schenken, mir den Weg zeigen und die richtigen Türen öffnen.«

Mary Taylor, Pexels

Ich weiß, viele von uns sind das nicht gewohnt. Wir befürchten, dass wir stolz und überheblich werden, wenn wir so kraftvolle Worte über uns aussprechen. Wir meinen, wir starten lieber einfach mal so neutral in den Tag hinein. Aber darf ich ganz ehrlich sein? Du wirst nie neutral in den Tag starten. Wenn nicht du entscheidest, welche Playlist in deinen Gedanken läuft, werden die Welt, deine Umstände, die Menschen, die gegen dich sind, und der Teufel deine Songs bestimmen, und diese werden alles andere als positiv, kraftvoll und aufbauend sein.

Doch wenn du dich stattdessen entscheidest, die richtigen Songs in deinen Gedanken laufen zu lassen, wirst du Siege einfahren, immer erfolgreicher werden bei dem, was du machst, und zunehmend den Segen Gottes für dein Leben entdecken und wiederum zu einem Segen für die Menschen in deinem Umfeld werden.

Jesus wird eines Tages gefragt, welches das wichtigste Gebot in der Bibel sei, und er gibt Folgendes zur Antwort:

> »›Du sollst den Herrn, deinen Gott, lieben von ganzem Herzen, mit ganzer Hingabe und mit deinem ganzen Verstand!‹ Dies ist das größte und wichtigste Gebot. Ein zweites ist ebenso wichtig: ›Liebe deine Mitmenschen wie dich selbst!‹ Mit diesen beiden Geboten ist alles gesagt, was das Gesetz und die Propheten fordern.«
> *Matthäus 22,37–40* NGÜ

Ich kann demütig über mich selbst sagen: Ich habe Freude an mir und finde mich ziemlich cool und angenehm, und je älter ich werde, umso lieber bin ich mit mir selbst zusammen. Es ist lustig mit mir, und auch wenn sonst niemand lacht, finde ich eigentlich meistens einen Grund, sich zu freuen und dankbar zu sein. Aber das war nicht immer so. Ich musste lernen, mich anzunehmen und mich selbst zu lieben. Denn genau dies sagt Jesus ja hier: »**Liebe deine Mitmenschen wie dich selbst!**«

Wenn wir nicht lernen, uns selbst in einer gesunden Art und Weise anzunehmen und zu lieben, werden wir auch nicht fähig sein, die Menschen um uns herum zu lieben. Wenn wir keine gute und gesunde Beziehung zu uns selbst haben, werden wir auch nicht fähig sein, gute und gesunde Beziehungen zu anderen Menschen zu haben. Wenn wir über uns enttäuscht sind, uns immer wieder anklagen, schlecht über uns reden und uns immer wieder schuldig fühlen, werden wir auch von unseren Mitmenschen enttäuscht sein, schlecht über sie reden, sie anklagen und unsere Schuldgefühle auf sie übertragen. Der Grund, warum viele Menschen keine guten Beziehungen haben, mit ihren Mitmenschen immer im Streit sind, einsam und unerfüllt durchs Leben gehen und nicht beziehungsfähig sind, ist oftmals darin zu finden, wie sie mit sich selbst umgehen.

Darum möchte ich dich fragen:

Bist du im Frieden mit dir?

Behandelst du dich selbst gut? Hast du Freude an dir? Bist du begeistert von dir und wünschst du jedem einen Freund, wie du einer bist? Wenn du ein solches Ja zu dir gefunden hast, wird es dir viel leichter fallen, die Menschen in deinem Umfeld zu lieben und die Liebe Gottes weiterzugeben. Und dieses Ja finden wir, wenn wir die richtige Playlist in unseren Gedanken laufen lassen. Die richtigen Songs helfen uns, das Ja, das Gott für uns hat, zu finden. Dieses Ja wird dich fähig machen, auch immer wieder das Ja für deine Mitmenschen zu finden.

Eigentlich ist es ziemlich einfach. Der Teufel will, dass wir uns schlecht fühlen, und darum klagt er uns an und versucht

»Liebe deine Mitmenschen wie dich selbst!«

alles, um unseren Fokus nur auf das Negative zu richten. Gott hingegen möchte, dass wir entdecken und sehen, wer wir in seinen Augen wirklich sind. Stell dir mal vor, was sich alles in unserem Leben verändern könnte, wenn wir begreifen und verstehen würden, wer wir wirklich in den Augen Gottes sind. Was könnte Gott alles mit uns bewegen und verändern, wenn wir die ersten Minuten des Tages ihm schenken würden und unsere Gedanken den seinen unterordnen und aussprechen, wer und was wir in den Augen Gottes sind? Eine unvorstellbare Kraft würde freigesetzt, wenn wir uns dazu entschieden, die richtige Playlist in unseren Gedanken laufen zu lassen, und unser inneres Soundsystem nicht einfach auf »random« (zufällige Auswahl) stellen. Stell dir mal vor, wie du durch den Tag gingest, wenn du jeden Morgen daran denken würdest, wer und was du in den Augen Gottes bist, und laut über dich aussprächest, wie Gott dich sieht, und du jeden Tag von neuem zu dir sagen würdest:

»Heute ist ein guter Tag. Es ist der Tag, den der Herr gemacht hat. Und auch heute sage ich, wer ich in den Augen Gottes bin. Ich bin stark, ich bin talentiert, ich bin attraktiv, ich bin diszipliniert. Ich bin zudem fokussiert, fühle mich schön und liebenswert. Ich bin frei und befähigt, das Beste aus meinem Leben herauszuholen. Ich werde nicht durch meine Schwächen und Fehler definiert, sondern durch die Gnade Gottes. Ich werde alles aus dem Segen und aus den Möglichkeiten, die heute auf mich warten, herausholen. Ich bin im Ebenbild Gottes erschaffen, ich bin sein Meisterwerk, an dem er riesengroße Freude hat.«

Diese Selbstsicherheit sehen wir auch beim jungen David. David, der von seinem Vater nicht angenommen und bei den Schafen auf dem Feld quasi ausgesetzt wurde, erhält eines Tages die Möglichkeit, seinen Brüdern, die sich auf dem

Schlachtfeld befinden, etwas zu essen zu bringen. Am Kriegsschauplatz angekommen, bietet sich David ein erbärmliches
Bild. Auf dem Schlachtfeld steht ein Riese, der wild herum-
brüllt und Gott und dessen Volk verhöhnt. Statt dass sich ein
Krieger diesem Riesen im Zweikampf stellen würde, verstecken sich alle. David, der junge Hirte ohne Kampferfahrung,
hört davon und ohne viel zu überlegen, meldet er sich und
stellt sich Goliat im Zweikampf:

> Der Philister trat David entgegen, sein Schildträger ging
> ihm voran. Er schnaubte verächtlich über diesen sonnen-
> gebräunten gut aussehenden Jungen. »Bin ich ein Hund«,
> rief er David zu, »dass du mit einem Stock auf mich zu-
> kommst?« Und er verfluchte David im Namen seiner Götter.
> »Komm herüber, ich werde dein Fleisch den Vögeln und wil-
> den Tieren vorwerfen!«, rief er David zu. David rief zurück:
> »Du trittst mir mit Schwert, Speer und Wurfspieß entgegen,
> ich aber komme im Namen des HERRN, des Allmächtigen –
> des Gottes des israelitischen Heeres, das du verhöhnt hast.
> Heute wird der Herr dich besiegen und ich werde dich töten
> und dir den Kopf abhauen.« *1. Samuel 17,41–46a* NLB

Was für ein Statement, was für eine Kampfansage und Prokla-
mation dieses jungen Hirtens, an den keiner wirklich geglaubt
hat und der zu den Schafen aufs Feld verstoßen worden war.
Der Riese verflucht David, doch in seiner Selbstsicherheit
lässt David sich nicht aus der Ruhe bringen und sagt einfach
nur: »Ich aber komme im Namen des Herrn!« David wusste,
wer er in den Augen Gottes war. Zudem wusste er, wer Gott ist.
Das führte dazu, dass er mit einer unglaublichen Sicherheit
aufs Feld zog. Woher kam diese innere Stärke und Festigkeit?
David hatte die Zeit bei den Schafen auf dem Feld genutzt. Er
betete Gott an und schrieb ihm Lieder, in denen er die Größe
und Allmacht Gottes beschrieb. Zudem nutzte er die Zeit, um

sich in seinen Gaben weiterzuentwickeln. Wann immer ein Bär oder Löwe kam, um ein Schaf zu reißen, stellte sich David diesem mutig entgegen und besiegte ihn, manchmal sogar mit bloßen Händen. David entschied sich, die richtigen Songs in seinen Gedanken laufen zu lassen. Statt sich dem Selbstmitleid hinzugeben, gab er sich Gott hin, und dies wurde zu seiner Identität und Sicherheit. Genau deshalb konnte er eine solche Kampfansage, ohne den Anflug des geringsten Zweifels, machen.

Lass auch du immer wieder den richtigen Song in dir laufen.

Karolina Grabowska-Pexels

Schaue zuerst auf Gott, wenn du morgens aufstehst. Sprich aus, wer und was du in den Augen Gottes bist, und dein Selbstwertgefühl wird auf gesunde Weise zunehmen, weil du dein Leben auf den Wahrheiten Gottes baust. Gott sagt auch zu dir:

>>Du bist meine Kreation, mein Meisterwerk. Du bist mein geliebtes Kind. Meine Gnade und Liebe für dich reichen so weit wie der Himmel, sie sind grenzenlos.<<

Gottes Liebe kennt keine Grenzen und seine Gnade ist immer an deinem Besten interessiert. Erkenne, dass Gott dir jeden Tag von neuem zuruft, zujubelt und als dein größter Fan kaum erwarten kann, mit dir in einen Tag voller Wunder, Abenteuer und seinem Segen zu starten. Diese Wahrheit – dass Gott uns liebt, dass Gott für uns ist, dass Gott uns schon lange vergeben hat, dass Gott begeistert von uns ist – befreit uns dazu, unser Leben in ganzer Fülle zu leben. Sie macht uns frei, weiterzugehen, das Ziel in unserem Leben zu finden und zu erreichen. Gott ist für dich. Jesus hat uns ein Evangelium der Liebe vorgelebt und eine Botschaft hinterlassen, die absolut bejahend ist. So hat er auch ein Ja zu dir. Finde es, halte dich daran fest und lass dir nichts anderes sagen. Jesus ist nicht gekommen, um uns zu verurteilen, sondern um uns zu lieben, uns zu dienen, damit wir uns selbst und andere annehmen und lieben können. Spiele wieder den richtigen Song ab und sage zu dir:

»Ich bin ein Kind des allmächtigen und einzigartigen Gottes, der das ganze Universum erschaffen hat. Ich bin talentiert, wunderschön, stark, weise und mutig. Unglaubliches Potential schlummert in mir. Mit Gott zusammen gehe ich Schritt für Schritt vorwärts und werde alles aus meinem Leben herausholen, was noch in mir ruht. Ich stamme nicht aus einer durchschnittlichen Familie, in mir fließt königliches Blut. Selbst wenn ich rein menschlich betrachtet aus einer Familie von Verlierern komme, wird meine göttliche DNA alle anderen Gene in mir überstimmen. Dieselbe DNA, die die Helden aus der Bibel hatten, ist auch in mir. Ich bin ein Sieger, ein Überwinder. Ich habe göttliche Kreativität in mir und werde für jedes Problem in meinem Leben eine Lösung finden. Ich bin geliebt und gewollt. Ich habe das Anrecht auf ein gesegnetes Leben, nicht weil ich alles richtig mache, sondern weil Gott es mir versprochen hat. Ich trage Gesundheit in mir und ich entscheide mich immer wieder für Freude, Ruhe und Zufriedenheit. Ich freue mich, auch wenn meine Umstände nicht gut aussehen. Ich kann träumen, auch wenn jegliche Hoffnungen verschwunden sind. Ich sehe immer wieder Licht am Horizont, auch wenn alles um mich herum dunkel zu sein scheint. Ich bin eine Kreation Gottes, sein Meisterwerk, ein Kind des höchsten Gottes. AMEN!«

CHARAKTER

»In mir stecken Mut und Freundlichkeit.
Ich kann auf andere Menschen zugehen,
ihnen ein Lächeln schenken und ihnen eine
Hilfe sein. Ich bin geduldig, barmherzig,
fröhlich, gelassen, großzügig und nachsichtig.
Das Licht des Himmels strahlt aus meinen
Augen und ich hinterlasse positive Spuren mit
meinem Leben. Ich bin ein Gewinn für diese
Welt und Gott kann mich gebrauchen, weil
ich einen Unterschied im Leben anderer
machen möchte.«

Pflege deine guten Angewohnheiten.

Gott hat so viel Gutes und Wunderbares in jeden Einzelnen von uns hineingelegt. In jedem Menschen ruht die Möglichkeit, immer wieder neue **Freude** zu entdecken.

In jedem schlummert **Liebe**, mit der wir der Welt begegnen und unseren Mitmenschen vergeben können.

In jedem von uns ruht **Geduld**, dank der wir friedlich, ruhig und gelassen durch den Tag gehen können.

In jedem von uns ist **Frieden** zu Hause, mit dem wir auf alle Herausforderungen in dem Wissen reagieren können, dass Gott immer auf dem Thron sitzen und das letzte Wort haben wird.

In jedem von uns ist **Freundlichkeit**, die darauf wartet, ein Segen für andere zu werden.

In jedem von uns sind **Güte** und **Großzügigkeit** vorhanden, mit denen wir anderen Menschen begegnen können und ihnen durch unsere Art die Größe Gottes vor Augen malen können.

In jedem von uns ist **Treue**. Wir können unsere Aufgaben treu und mit bestem Wissen und Gewissen erfüllen. Wir können standhaft und treu zu unseren Entscheidungen, unseren Beziehungen und unserer Ehe stehen.

Auch steckt in jedem von uns **Selbstbeherrschung**. Dank dieser werden wir auf Ungerechtigkeiten, die wir erleben, nicht mit Zorn, Wut und unkontrolliert reagieren. Anteilnahme ist ebenfalls in uns; mit unserem barmherzigen Verhalten begegnen wir den Menschen in unserem Alltag und dank unserer Wertschätzung, Wärme und Vergebung hinterlassen wir Spuren der Liebe Gottes.

Alle diese Eigenschaften, die in jedem von uns stecken, beschreibt auch Paulus in der Bibel.

Dagegen bringt der Geist Gottes in unserem Leben nur Gutes hervor: Liebe, Freude und Frieden; Geduld, Freundlichkeit und Güte; Treue, Nachsicht und Selbstbeherrschung.

Galater 5,22–23a HFA

All dies schlummert in uns und wartet nur darauf, von uns entdeckt und freigesetzt zu werden – damit wir unser Leben sowie das Leben der Menschen um uns herum bereichern. Du magst jetzt vielleicht denken: »Schon möglich, dass dies bei anderen Menschen so ist, aber bei mir ist nicht viel Geduld zu finden, denn schon mein Vater und mein Großvater waren sehr ungeduldige Menschen. Das ist in meiner Familie einfach so, so bin ich eben.« Oder vielleicht sagst du auch: »Weißt du, das mit der Disziplin und Selbstbeherrschung ist nicht meins, denn ich bin ein total anderer Typ. Ich habe halt andere Stärken, sorry.«

Dann möchte ich dir antworten: Es kann gut sein, dass du dich so fühlst, doch wir lesen in der Bibel, dass wir alle diese guten Eigenschaften in uns haben und sie zu guten Angewohnheiten entwickeln können, wenn wir wollen.

Darauf bezieht sich Paulus zum Beispiel in seinem Brief an die Philipper, in dem er sie ermutigt, an sich zu arbeiten. Er schreibt:

... schaffet, dass ihr selig werdet ...
Philipper 2,12b LUT

Arbeitet, gebt euer Bestes, hört nicht auf, nach all dem zu streben, was Gott in euch hineingelegt hat. Doch wir sollten uns das griechische Verb, das Paulus hier in der Ursprache benutzt, noch genau anschauen: katergazomai. Dieses Wort kommt ursprünglich aus der Landwirtschaft und bedeutet »hervorbringen«. Das heißt nichts anderes, als dass all diese Eigenschaften schon da sind! Wir müssen sie uns nicht antrainieren oder aneignen. Sie sind in uns! Sie warten nur darauf, dass wir sie zum Vorschein bringen und hervorholen. Es ist alles da, alles ist in uns vorhanden, wie ein kleiner Same, und

Nguyen Hung, Pexels

unsere Aufgabe ist es nun, den Samen zu begießen, die Erde zu pflegen und zu gegebener Zeit zu ernten.

Ist das nicht gewaltig und befreiend?

Es ist alles da. All die guten Eigenschaften schlummern bereits in uns.

Wir können sie ohne großen Druck und ohne Krampf einfach nach und nach mit Gott zusammen hervorholen. Suchen wir Gott und richten uns auf ihn aus, wird all das Gute ganz von selbst in uns aufgehen. Es wird zunehmend unser Leben bestimmen, uns automatisch weiterbringen und Schritt für Schritt zu den Menschen machen, die Gott schon von Anfang an bestimmt und geplant hat.

Doch die Frage ist: Wo und wie beginnen wir? Oder anders gefragt, was ist unsere Aufgabe? Unsere Aufgabe ist es, zunächst unsere Gedanken und dann auch unsere Worte zu verändern und dadurch für all die kleinen Samen in uns einen Boden zu bereiten, in dem die guten Eigenschaften wachsen können. Sage zu dir selbst:

»Ich bin geduldig, ich bin liebenswert, ich bin gesegnet, ich bin ein Segen für andere. In mir ruhen Disziplin und Freude. Ich reagiere mit Frieden und Ruhe und habe immer die nötige Geduld und Großzügigkeit in mir.«

Denke nicht mehr über dich, dass du dies oder jenes halt nicht kannst, weil du zu ungeduldig oder zu undiszipliniert bist. Sage nicht mehr:»Ich kann mich nicht beherrschen, ich bin ein Versager und werde nie mit der nötigen Disziplin handeln können. Ich werde nicht treu sein können, das ist meine Schwäche. Und das mit der Freude ... Ich bin halt eher ein pessimistischer Mensch und mache mir von meinem Naturell her mehr Sorgen als andere ...« Wenn wir so über uns denken und reden, müssen wir nicht erstaunt sein, wenn es auch so eintrifft.

Um dies noch besser zu verstehen, möchte ich dir die Geschichte über zwei Wölfe erzählen. In dieser alten Sage gibt ein Großvater seinem Enkel eine wichtige Lebensregel mit. Der alte weise Mann sagte:»Mein Junge, im Inneren eines jeden Menschen tobt ein Kampf zwischen zwei Wölfen. Der eine Wolf ist böse. Er ist wütend, eifersüchtig, rachsüchtig, stolz und faul. Der andere Wolf ist gut. Er ist voller Liebe, Freundlichkeit, Demut und Selbstbeherrschung. Diese beiden Wölfe kämpfen unablässig miteinander.« Der kleine Junge dachte nach und fragte dann zurück:»Und welcher der beiden wird gewinnen, Großvater?« Der Großvater lächelte und antwortete:»Der, den du fütterst.«

Wenn wir die negativen Eigenschaften immer wieder füttern und pflegen, dann werden sie zunehmen und nach und nach unser Leben bestimmen. Wenn wir immer wieder negativ über unseren Chef sprechen und uns über unseren Arbeitsplatz beschweren, wird die Freude an der Arbeit immer weiter abnehmen. Wenn wir immer wieder aus Zorn, Stolz oder Faulheit heraus unser Leben, das nichts bewegt, zu rechtfertigen versuchen und dabei anderen die Schuld geben, müssen wir nicht erstaunt sein, wenn wir mit der Zeit keine Freundschaften mehr haben und das Leben allmählich an uns vorbeizieht. Füttere stattdessen den guten Wolf, die guten Eigenschaften in dir und sprich jeden Tag von neuem über dir aus, wer und was du in den Augen Gottes bist. Sag, dass du Frieden in deinem

Wir müssen nicht heute alles perfekt im Griff haben.
Wir haben ein Leben lang Zeit, uns Schritt für Schritt zu verändern.

Herzen trägst, mit Geduld reagieren, den Menschen freundlich begegnen und mit Demut und Selbstbeherrschung durch den Tag gehen wirst. Egal, ob es dir immer gelingt, richtig zu reagieren, sprich es am nächsten Tag erneut aus, am übernächsten auch wieder und so weiter. Wenn wir dies tun, wird das Gute in uns wie von selbst allmählich an die Oberfläche kommen. Ein Jahr später werden wir staunen, wie wir uns einfach so verändert haben, und ein weiteres Jahr später nochmals, und an unserem Lebensende werden wir als alter, weiser, friedlicher, gütiger, demütiger und zufriedener Mensch von dieser Erde gehen können und so unserem Gott im Himmel begegnen.

Wir müssen nicht heute alles perfekt im Griff haben. Wir haben ein Leben lang Zeit, uns Schritt für Schritt zu verändern. Sprich darüber, wer du in den Augen Gottes bist, hör nie auf, den guten Wolf zu füttern. Auch wenn der böse Wolf hier und da noch versucht, deine Aufmerksamkeit zu gewinnen, und du auf ihn hereinfällst, stehe am nächsten Morgen auf und sprich wieder davon, wer du in den Augen Gottes bist, und nicht davon, was du gestern falsch gemacht hast. Du fütterst einfach weiter den guten Wolf, und er wird stärker und stärker. Oder anders gesagt, du begießt jeden Tag von neuem deine Erde, in der all die guten Charaktereigenschaften in Samenform ruhen, dann werden sie aufgehen und wachsen, und eines Tages wirst du die Früchte ernten.

Gewohnheiten sind erlerntes Verhalten, das wir regelmäßig praktizieren, ohne weiter darüber nachzudenken. Wir machen es einfach so, reagieren einfach so, und wenn wir nichts dagegen unternehmen und mit unseren Worten definieren, wer und was wir sind, wird all das Negative, all die schlechten Gewohnheiten, zu unserem Charakter und normal für uns. Weil wir immer so gehandelt haben, ist es normal, weiter so zu handeln und zu reagieren. Wir reagieren beispielsweise mit Zorn und Unversöhnlichkeit, weil wir es immer so gemacht haben. Gewohnheiten, seien sie positiv oder negativ, haben einen großen Einfluss auf unsere Zukunft. Man hat festgestellt, dass unser Alltagsverhalten zu 90 Prozent von unseren Gewohnheiten geprägt ist. Das bedeutet, wie wir andere behandeln, wie wir mit Geld umgehen, was wir uns im Fernsehen oder Internet reinziehen, was wir tagtäglich tun, hat fast ausschließlich mit unseren Gewohnheiten zu tun. Das heißt wiederum, wenn wir uns weiterentwickeln und verändern wollen, müssen wir erst einmal unsere Gewohnheiten unter die Lupe nehmen. Sind sie positiv oder negativ? Die gute Nachricht ist, wir können unsere Gewohnheiten ändern, indem wir das Positive mehr füttern, mehr gewichten und ihm mehr Aufmerksamkeit schenken als dem Negativen. Es heißt:

»Schlechte Gewohnheiten lassen sich leicht entwickeln, aber es lässt sich schwer mit ihnen leben.«

Es ist leicht, Geld auszugeben, das man nicht hat, aber es ist schwer, mit dem Druck zu leben, dass wir unsere Rechnungen nicht bezahlen können. Es ist leicht, fahrlässig durchs Leben zu gehen, einfach alles in sich hineinzustopfen, nie Sport zu treiben, nicht auf die Ernährung zu achten, doch es wird einen Preis kosten, den wir meistens erst im Alter zahlen werden. Es ist leicht, sich überall negativ und kritisch zu äußern, doch mit der Einsamkeit umzugehen, die das nach sich zieht, weil sich die Menschen von uns abkehren, wird hart.

Auf der anderen Seite kann man auch sagen: **Es kostet zwar etwas Mühe, gute Gewohnheiten zu entwickeln. Man braucht dafür die Bereitschaft, sich anzustrengen und Opfer zu bringen und manchmal auch Schmerzen und Leid zu ertragen. Doch es ist leicht, mit guten Gewohnheiten zu leben.**

Wenn wir es anders gewöhnt sind, ist es anfänglich schwer, unsere Zunge im Zaum zu halten, über Kränkungen hinwegzusehen und nicht immer mit Zorn und Neid zu reagieren. Aber es ist zweifelslos leicht, in einem Umfeld zu leben, in dem Frieden und Harmonie herrschen.

Es ist hart, am Morgen früh aufzustehen und den Tag mit Gott zu starten, indem wir aussprechen, wer und was wir in seinen Augen sind, und unsere Gedanken dem Denken Gottes unterordnen. Doch es ist im Anschluss viel schöner und leichter durch den Tag zu gehen, weil wir mit Glauben und Zuversicht gestartet sind und wir viel empfänglicher für all die Wunder und all den Segen sind, den Gott für uns bereithält.

Wir lesen im Epheserbrief, wie Paulus dies wunderschön auf den Punkt bringt:

Denn was wir sind, ist Gottes Werk; er hat uns durch Jesus Christus dazu geschaffen, das zu tun, was gut und richtig ist. Gott hat alles, was wir tun sollen, vorbereitet; an uns ist es nun, das Vorbereitete auszuführen. *Epheser 2,10* NGÜ

An dieser Aussage fallen zwei Dinge besonders auf:

1. Wir sind Gottes Werk.

Gott hat uns geschaffen. Dies sagt uns, Gott hat einen Plan für uns, und wir haben noch so viel Gutes zu erwarten. Außerdem wird hier deutlich, dass Gott am Werk ist.

Gott arbeitet an uns und erwartet nicht, dass wir alles auf einen Schlag völlig im Griff haben und nie mehr Fehler machen.

Gott möchte Schritt für Schritt mit uns vorwärtsgehen. Er hat den nächsten Schritt vorbereitet und wenn wir Gott als unseren Schöpfer suchen, der alles Gute bereits in uns hinein-gelegt hat, wird er uns Stück für Stück führen und anleiten, um das Gute nach und nach hervorzubringen.

2. Gott hat alles, was wir tun sollen, vorbereitet.

Gott hat all das, was er für und mit uns tun möchte, schon vorbereitet. All die guten Taten, all das Gute, das er mit uns hervorholen möchte, all die negativen Eigenschaften, die er mit uns zusammen verändern möchte, und all die schlechten Gewohnheiten, die wir mit ihm zusammen ablegen können – unser nächster Schritt diesbezüglich ist schon vorbereitet. An uns ist es nun, diesen Schritt zu gehen.

Ich persönlich habe den Wunsch, immer einen Schritt weiter-zugehen. Am Ende jedes Jahres schaue ich auf das vergange-ne Jahr zurück und freue mich über all das, was Gott wieder verändert hat, und darüber, wie er mich näher an sein Herz geführt hat. Ich feiere die kleinen Erfolge und weiß, Gott wird auch im nächsten Jahr Schritte mit mir gehen. Ich entschei-de mich immer wieder, mich auf das Gute zu konzentrieren und Gott zu vertrauen, im Wissen darum, dass ich auch im nächsten Jahr Schritte gehen werde, Gott mit mir zusammen Gewohnheiten verändern, Gutes wachsen lassen und neue Früchte aufzeigen wird.

Ich will einfach immer wieder den nächsten Schritt gehen.

Ich will anpacken und tun, was Gott mir vor die Füße legt; alles andere überlasse ich ihm und seiner Gnade. Als Beispiel: Vor

vielen Jahren merkte ich, dass meine Work-Life-Balance nicht gesund war. Ich brachte das mit dem Sport, der gesunden Ernährung, ausreichend Schlaf, genügend Zeit mit Gott und nebenbei immer für meine Kids da zu sein, meine Frau immer zu ehren und ein guter Leiter zu sein, einfach nicht alles unter einen Hut. Ich nahm mir Zeit, zu beten, und legte all die Herausforderungen und Eigenschaften, die sich entwickelt hatten, Gott hin. Eigentlich wollte ich mit Gott einen klaren Plan ausarbeiten, wie ich als frischgebackener Vater meine Ernährung verbessern, meine sportliche Betätigung steigern und zudem immer noch all das erfüllen könnte, was von mir als Leiter erwartet wurde. Doch Gott sagte zu mir: »Könu, dein nächster Schritt ist: Mach das Beste aus der gegenwärtigen Situation, mehr nicht! Gib dein Bestes als Vater, gib dein Bestes als Leiter, schau, dass du zu genügend Schlaf kommst, und wegen dem Sport, easy, darum kümmern wir uns später. Und iss einfach mal einen Apfel pro Tag.« Das war mein nächster Schritt. Ein kleiner zwar, aber es war einer. Nicht weltbewegend, aber ausführbar. Und so ging es Jahr für Jahr vorwärts mit meiner Work-Life-Balance.

Heute, Jahre später, nach vielen kleinen Schritten, die ich versuchte, treu umzusetzen, pflege ich ein total anderes Essverhalten als früher. Ich esse regelmäßiger, mag Gemüse, Früchte gehören einfach dazu, und ein topgesundes, selbstgemachtes Müsli am Morgen ist meine Basis für den Tag. Ich bin sportlicher geworden, jogge regelmäßig, bin draußen in der Natur oder gehe mit meiner Frau spazieren. Zudem stehe ich früher auf, starte den Tag mit Gott, fühle mich ausgeglichener, sicherer, zufriedener und glücklicher.

Ja, ich habe noch heute Dinge, von denen ich weiß, und andere, derer ich mir noch gar nicht bewusst bin, an denen ich arbeiten werde. Mit diesem Beispiel möchte ich dich ermutigen. Mach dir klar, dass es immer Baustellen in unserem Charakter geben wird. Wir müssen nicht alles sofort in den Griff bekommen und verändern. **Wir haben ein Leben lang Zeit, uns zu dem Menschen zu entwickeln, zu dem Gott uns verändern möchte.**

Dafür ist alles Nötige in dir. Wir sind Gottes Werk und er hat schon alles vorbereitet, was er mit uns tun und bewegen möchte. Jahr für Jahr will er kleine Schritte mit uns gehen und neue Eigenschaften hervorholen, die zu Gewohnheiten werden und uns nachhaltig verändern. Wir können sie wie ein Bauer bei der Ernte mit Gott zusammen hervorholen und wir werden immer wieder unseren nächsten Schritt sehen. Alles andere, dessen Zeit noch nicht gekommen ist, können wir ruhig zur Seite schieben und getrost Gott überlassen. Wir können uns einfach dem widmen, was jetzt dran ist. Hör auf, alles auf einmal verändern zu wollen. Billige dir selbst zu, auch versagen zu dürfen, gewisse Dinge noch stehen zu lassen.

Fokussiere dich auf das, was Gott dir vor die Füße legt, und gehe Schritt für Schritt vorwärts.

Genieße die Reise und freue dich über die kleinen Erfolge, sie werden dich zu den nächsten Siegen in deinem Leben tragen.

Wie klein und unscheinbar deine Möglichkeiten auch immer sein mögen – wenn du Gott an deiner Seite hast, wird er dein Weniges nehmen und es gebrauchen, um das Unmögliche möglich werden zu lassen.

MEINE FREUNDE

»Ich bin liebenswürdig und fähig, gesunde und erfrischende Beziehungen zu pflegen. Meine Weisheit, Gaben, Ressourcen und Möglichkeiten nehmen zu. Ich blühe auf, bin ein Vorbild und eine inspirierende Persönlichkeit.«

Die Kraft der richtigen Erde.

Stell dir mal vor, du hältst in deiner Hand einen Samen.
Du möchtest diesen Samen einpflanzen, damit daraus etwas
Schönes entstehen kann. Doch wenn du nun keine gute
Erde hast, wird nichts wachsen. Egal, wie gut der Samen ist,
ohne die passende Erde werden keine Blumen und auch kein
Apfelbaum entstehen. Der Schlüssel, damit der Samen Frucht
bringen kann, ist nicht der Samen selbst, sondern die Erde, in
die er eingepflanzt wird.

Und genau gleich ist es bei uns. Wir sind wie ein Same. Wir tragen Talente, Gaben und Potential in uns. Wir tragen Segen in uns. Wir tragen Träume und Möglichkeiten in uns, die darauf warten, Wirklichkeit zu werden. Doch wenn wir uns selbst in schlechte Erde einpflanzen, das heißt, uns mit den falschen Freunden umgeben, die überall Kompromisse machen, schlecht über andere Menschen reden, über alles herziehen und eigentlich gar nicht an uns glauben, dann wird unser Same nicht aufgehen. Auch wenn du nur mit Menschen Zeit verbringst, die klein denken und nichts Großes vom Leben erwarten, musst du nicht erstaunt sein, wenn sich deine Träume nicht verwirklichen. Wenn wir von Menschen umgeben sind, die nicht an uns glauben, uns ausbremsen und uns immer sagen, was wir nicht können, werden wir nie den vollen Segen entfalten, den Gott uns geben möchte. Denn die Menschen in unserem Umfeld sind die Erde, in die wir hineingepflanzt sind. Und entweder bringen wir uns gegenseitig weiter oder wir bremsen uns aus. Man sagt ja auch:

»Zeige mir deine Freunde und ich sage dir, wo du in fünf Jahren in deinem Leben stehen wirst.«

Auch Jesus benutzt das Bild der richtigen Erde in einem Gleichnis.

»Bei anderen ist es wie mit der Saat, die auf felsigen Boden fällt. Wenn sie das Wort hören, nehmen sie es sofort mit Freuden auf, aber sie sind unbeständige Menschen, Pflanzen ohne Wurzeln. Sobald sie wegen des Wortes in Bedrängnis geraten oder sogar verfolgt werden, wenden sie sich wieder davon ab. Wieder bei anderen ist es wie mit der Saat, die ins Dorngestrüpp fällt. Sie hören das Wort, doch dann gewinnen die Sorgen dieser Welt, die Verlockungen des Reichtums und andere Begierden Raum und ersticken das Wort, und es bleibt ohne Frucht. Bei anderen schließlich ist es wie mit der Saat, die auf guten Boden fällt. Sie hören das Wort, nehmen es auf und bringen Frucht: dreissigfach, sechzigfach und hundertfach.« *Markus 4,16–20* NGÜ

Genial, wie Jesus hier das Ziel für unser Leben definiert. Unsere Frucht und die Spuren des Segens, die wir hinterlassen, sollten mindestens dreißigfach bis hundertfach sein.

Gott möchte uns segnen.

Unser Leben ist zu kostbar, als dass wir es einfach so mit Menschen vergeuden sollten, die nicht an uns glauben, die keine Träume haben, die aufgegeben haben und nichts vom Leben erwarten. Dieses Bild der Saat, welche auf verschiedene Böden fällt, können wir auch auf unsere Beziehungen beziehen.

Die erste Variante dieses Bildes ist der felsige Boden. Der Same mit all unserem Potential fällt auf felsigen Boden und bewegt nicht viel. Dieser Boden steht für Menschen, die nicht an uns glauben, die uns hinterfragen und uns und unsere Träume kleinhalten. Es sind Menschen, die zu uns sagen:»Die Sache ist dir wohl zu Kopf gestiegen! Komm wieder runter. Das Leben ist nicht so einfach, wie du es dir vorstellst.«

Als wir uns entschieden haben, eine neue Kirche auf dem Land zu gründen, hörte ich wieder und wieder, wie Menschen direkt oder indirekt zu mir sagten:»Die spinnen, hier etwas Neues aufbauen zu wollen und all ihre Finanzen dort zu investieren. Wie kann man nur ohne Sicherheiten solch ein Risiko eingehen? Die spinnen, als Kirche jetzt auch noch ein Restaurant führen zu wollen, das wird nie funktionieren.«

Sei dir bewusst, wenn du nur solche Leute um dich herum hast – Menschen, die nicht an dich glauben und dir jegliche Träume ausreden wollen –, wirst du nie erleben, wie Gott etwas mit und durch dich bewegen wird.

Als weitere Variante haben wir die Freunde, die wie Dornengestrüpp für uns sind. Dies sind Menschen, die uns immer wieder dazu überreden, Kompromisse einzugehen und Dinge zu tun, die wir eigentlich nicht tun wollen. So verhindern sie, dass unser Same wachsen kann. Es sind Menschen, die zu uns sagen: »Komm schon, das mit deinem Glauben musst du doch nicht so ernst nehmen. Easy, das spielt ja jetzt echt keine Rolle. Es sieht dich ja niemand. Locker, Mann, chill mal und genieße das Leben!« Zudem sind es auch Menschen, die dich kleinhalten, die deine Pflanze, sobald sie wächst, sofort wieder ausreißen. Sie unterstützen dich nicht, lachen über dich und bringen dich dazu, Dinge zu tun, nur damit du wieder dabei bist und einen vermeintlichen Wert in der Gruppe bekommst. Mach bei diesen Spielchen nicht mit. Dein Leben und deine Gaben sind zu wertvoll, als dass du sie an solche Menschen vergeuden solltest.

Doch dann gibt es noch den Boden, der dich Frucht bringen lässt. Der deinen Samen zum Aufgehen und Aufblühen bringt. Es handelt sich dabei um Menschen, die an dich glauben, dich aufbauen, dich unterstützen und ermutigen, Schritte vorwärts zu gehen und etwas mit deinem Leben zu bewegen. **Menschen, die positiv aufs Leben blicken, einen ansteckenden und hoffnungsvollen Glauben leben und dich motivieren, Großes von deinem Gott zu erwarten.**

Es ist gewaltig, was in unserem Leben geschehen kann und was wir alles bewegen können, wenn wir uns im richtigen Umfeld einpflanzen lassen. Dies beschreibt auch der Schreiber des folgenden Psalms so schön:

> Sie sind verwurzelt im Haus des Herrn, dort in den Vorhöfen unseres Gottes, grünen sie immerzu. Selbst in hohem Alter sprießen sie noch, sie stehen in vollem Saft und haben immer grüne Blätter. Mit ihrem ganzen Leben verkünden sie: Der Herr hält sich an seine Zusage. Ja, er ist mein Fels, kein Unrecht ist bei ihm zu finden.
>
> *Psalm 92,14–16 NGÜ*

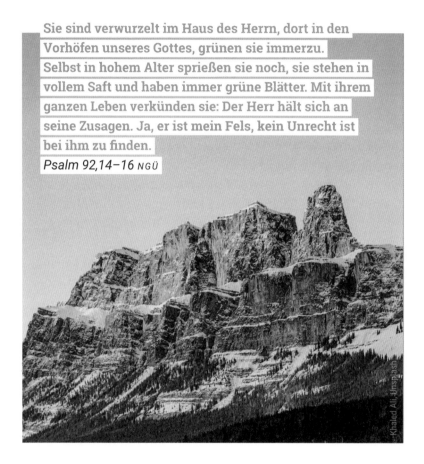

Aus diesem Grund liebe ich Kirche. Wenn du in einer lebendigen, positiven, hoffnungsvollen, zeitgemäßen und bibeltreuen Kirche eingepflanzt bist, hast du Menschen um dich herum, die an dich glauben, dich aufbauen, dich motivieren, dich anfeuern und ermutigen, vorwärtszugehen und mehr vom Leben zu erwarten. An einem solchen Ort wirst du immerzu grünen. Noch im hohen Alter wirst du blühen und in voller Kraft und Autorität dastehen. Mit deinem ganzen Leben wirst du verkünden und in die Welt hinausposaunen, dass Gott es gut mit dir meint und sich an seine Zusagen hält.

Sei vorsichtig, wen du in dein Leben hineinlässt und wem du deine Zeit schenkst. Denk daran, das Umfeld, in das du dich einpflanzen lässt, ist entscheidend!

Die Entscheidung, nicht mit negativen Menschen herumzuhängen, musste auch Abraham, ein Mann aus der Bibel, treffen. Gott forderte ihn dazu auf, sein Land und seine Verwandten zu verlassen, um etwas Neues mit ihm aufzubauen (siehe 1. Mose 12,1.4–5). Doch Abraham konnte oder wollte dies nicht hundertprozentig so durchziehen. Er nahm nämlich neben seiner Frau auch noch seinen Neffen Lot, dessen Frau und Hirten mit. Diese Entscheidung bereitete ihm auf der ganzen Reise Probleme. Vielleicht kennst du dies, du fährst mit einer anderen Familie oder einem Pärchen in den Urlaub und es harmoniert einfach nicht. Der langersehnte Urlaub wird zum Albtraum und statt erholt, kommst du müde und entmutigt wieder nach Hause.

So ging es Abraham. Lot und seine Hirten machten nur Schwierigkeiten und immer wieder musste Abraham Lösungen suchen. Ich kann mir vorstellen, dass er immer mal wieder an den Ruf Gottes zurückdachte und sich fragte: »Warum nur habe ich Gott nicht zu 100 Prozent vertraut und bin nicht einfach alleine mit meiner Frau losgezogen?« Irgendwann entschieden Abraham und Lot, dass es so nicht mehr weitergehen könnte, und sie trennten sich. Lot entschied sich, Richtung Sodom zu gehen, und Abraham zog in die entgegengesetzte Richtung.

Spannend finde ich, wofür Sodom steht, nämlich für einen Ort mit zügellosem, lasterhaftem, unkontrolliertem und schockierendem Geschehen. In Sodom angekommen, hatte Lot wieder Probleme, und Abraham konnte es nicht lassen, ihm ein weiteres Mal zu helfen. Doch das war dann seine letzte Tat für Lot, danach lesen wir in der Geschichte von Abraham nichts mehr über seinen anstrengenden Neffen, um den er sich immer wieder kümmern musste. Lot bedeutet übrigens »Verhüllung, Schleier, verhüllend oder verdunkelnd«. »Freunde« wie Lot werden dich immer wieder an der Nase herumführen, weil sie nicht ehrlich sind, dich hintergehen, missbrauchen, dich durch ihre Not in eine Art seelische Abhängigkeit führen, sodass du dich immer wieder verantwortlich für sie fühlst. Wenn du solche Freunde hast, ist es vielleicht an der Zeit, sie ziehen zu lassen und ihnen nicht immer aus ihrem Schlamassel zu helfen. Denn am Ende wollen sie sich gar nicht helfen lassen und werden dich nur davon abhalten zu entdecken, was Gott für dich bereithält.

Ich weiß, solche Entscheidungen zu fällen, ist nicht einfach. Aber vielleicht spürst du gerade jetzt, wie Gott dich fragt: »Hast du Menschen in deinem Leben, die dir weder guttun noch Veränderungsbereitschaft zeigen? Könnte es an der Zeit sein, sie loszulassen, so wie Abraham Lot hat ziehen lassen, weil sie dir eigentlich nur schaden und deine Zeit und Energie rauben?«

Ich persönlich versuche, zu allen Menschen fair, nett, freundlich und zuvorkommend zu sein. Doch ich würde nie mit allen Menschen einfach so meine Zeit verbringen. Ich überlege mir gut, wen ich an mein Herz lasse, wem gegenüber ich mich öffne und wem ich erlaube, einen Einblick in mein Leben zu erhalten. Denn ich weiß, mein Leben, meine Saat, meine Bestimmung, all das, was Gott noch mit mir bewegen möchte, ist viel zu wichtig und zu wertvoll, um es an Menschen zu vergeuden, die mich nur kritisieren, die negativ und eifersüchtig sind, ein kleines Denken haben und von Bitterkeit und Selbstmitleid bestimmt leben. Es ist unsere Verantwortung, in was für eine Erde, was für ein Umfeld, wir uns einpflanzen lassen.

Gott hat uns allen Gaben geschenkt. Er hat uns ausgestattet mit allem, was wir benötigen, um das Beste aus unserem Leben herauszuholen.

Wir sind wie ein Same, geschaffen von unserem Gott, und wir tragen alles in uns, was wir benötigen, um unser Ziel zu erreichen.

Denk daran, der Same ist nie das Problem, es ist die Erde. Pflanze dich immer wieder ins richtige Umfeld ein, in ein Umfeld, das dich aufblühen lässt. Denn dein Same, dein Potential kann einen neuen Standard für deine Familie setzen, dein Same kann Generationennöte, Flüche und Bindungen brechen und deine nachfolgende Generation auf ein neues Level bringen. Dein Same kann Geschichte für Gott schreiben. Dein Same kann das Leben vieler Menschen positiv verändern.
In dir steckt so viel Potential, dass es einfach viel zu schade wäre, wenn wir uns in die falsche Erde einpflanzen ließen.

Sogar Jesus lebte uns dieses Prinzip vor, wie in der folgenden Geschichte deutlich wird. Er wurde eines Tages von einem Vater gebeten, zu ihm nach Hause zu kommen, um seine Tochter zu heilen. Wir lesen:

Als sie zum Haus des Synagogenvorstehers kamen und Jesus sah, wie alles in heller Aufregung war und wie die Menschen laut weinten und klagten, ging er hinein und sagte zu ihnen: »Was soll diese Aufregung? Warum weint ihr? Das Kind ist nicht tot, es schläft nur.« Da lachten sie ihn aus. Er aber schickte alle hinaus bis auf den Vater und die Mutter des Mädchens und die Jünger, die bei ihm waren; mit ihnen ging er in den Raum, in dem das Kind lag.

Markus 5,38–40 NGÜ

Im Haus des Synagogenvorstehers herrschte verständlicherweise große Aufregung, denn das Mädchen war tot. Jesus kam ins Haus und statt sich von der gedrückten Stimmung anstecken zu lassen, blieb er ruhig und gelassen und sagte zu den Menschen, dass das Mädchen nur schlafe. Klar lachten sie ihn aus! Er aber schickte sie aus dem Raum und erst danach heilte er das Mädchen. Auch Jesus wusste, dass er, obwohl er der Sohn Gottes war, Menschen um sich herum brauchte, die an ihn glauben und ihn unterstützen, wenn er das Wunder tun wollte. Die anderen würden ihn nur behindern, weil sie durch ihre negative und ungläubige Haltung das geistliche Klima vergifteten. Jesus wusste um die Kraft einer glaubensvollen Atmosphäre und wollte, obwohl es ja ein guter Zeitpunkt für ein praktisches Beispiel seiner Kraft gewesen wäre, niemanden an seiner Seite haben, der ihn nicht unterstützte.

In einer anderen Begebenheit lesen wir, wie Jesus in seine Heimatstadt ging, um dort am Sabbat in der Synagoge zu lehren. Viele Leute hörten ihm zu und waren tief beeindruckt von ihm und seinen Worten. Doch plötzlich schauten sie einander an und sagten zueinander: »Ist das nicht der Sohn des Zimmermanns und von Maria? Wir kennen doch seine Brüder und seine Schwestern. Das kann gar nicht sein, dass er in einer solchen Weisheit predigt und solche Wunder durch ihn geschehen!« Dann lesen wir, dass sie ihn aufgrund seiner Herkunft ablehnten. Da sagte Jesus:

> »Nirgendwo gilt ein Prophet weniger als in seiner Heimat, bei seinen Verwandten und in seiner eigenen Familie.« Deshalb konnte er dort keine Wunder tun. Nur einigen Kranken legte er die Hände auf und machte sie gesund. Er wunderte sich über den Unglauben der Leute. *Markus 6,4–6a* HFA

Wegen des Unglaubens der Menschen in seiner Umgebung

konnte selbst Jesus in diesem Ort keine Wunder tun!

Wie könnte es da in unserem Leben anders sein. Wegen des Unglaubens unserer Freunde, wegen des viel zu kleinen und negativen Denkens, wegen all der Kompromisse und Zweifel kann Gott all die Wunder in deinem Leben nicht tun, die es benötigen würde, um dein Potential hervorzuholen und deine Saat aufgehen zu lassen.

Suche dir Freunde, die an dich glauben, dich unterstützen, dich ermutigen und dich nicht aufgeben. Menschen, die dich pushen, vorwärtszugehen und mehr von Gott zu erwarten.

Umgib dich mit Menschen, die dir guttun.

Lass dich von Vorbildern inspirieren. Besuche eine Kirche, pflanze dich in eine positive Gemeinschaft, höre aufbauende Podcasts und lies ermutigende Bücher. Suche die gute Erde, denn nicht du, der Samen, ist entscheidend, sondern die Erde, in die du eingepflanzt bist. Es wartet großer Segen auf uns, dreißigfacher bis zu hundertfacher! Und wenn wir uns immer wieder mit Menschen umgeben, die uns guttun, werden sie uns nicht nur helfen, weiterzukommen, sondern es wird auch dich automatisch dazu motivieren, wiederum für andere ein guter Freund zu sein, und als Folge wird dein Leben positive Kreise ziehen.

HEUTE

»Ich bin entschlossen und erreiche
mein Ziel. Um nichts in der Welt lasse
ich mich davon abbringen, mit Gott
zusammen meinen Lauf erfolgreich
zu vollenden. Gott hält noch mehr
Segen, Verheißungen, Visionen
und Ziele für mich bereit. Was ich
angefangen habe, werde ich auch
erfolgreich zu Ende bringen.«

Lass los!

Wir alle erleben Momente, in denen wir unfair behandelt werden, Menschen oder Umstände sich gegen uns richten und wir verletzt werden. Es ist einfach, verurteilend durchs Leben zu gehen. Wir können uns selbst verurteilen, weil wir wieder Fehler gemacht und versagt haben. Wir können andere verurteilen, weil sie uns Unrecht zugefügt haben. Und wir können sogar Gott verurteilen, weil das Leben nicht so läuft, wie wir es uns erhofft haben. Wenn wir verurteilen und anklagen, wird all das Negative, das wir mit uns herumtragen, mehr und mehr zu einer großen Last für unser Leben. Das Beste, was wir stattdessen immer wieder tun können, ist, die Vergangenheit loszulassen und zu vergeben. Wir können uns entscheiden, all das Negative, Verletzende, Traurige, Schwere, Bittere, Tragische und Hoffnungslose einfach fallen zu lassen. Egal, ob es vor 20 Jahren oder vor 20 Sekunden geschah – lass es los.

Wenn wir das Beste aus unserem Leben herausholen, den vollen Segen erleben und jeden Tag all das Geniale entdecken wollen, das Gott für uns bereithält, dann müssen wir lernen, das Schwere aus unserem Leben ziehen zu lassen. Denn es wird immer wieder Situationen geben, in denen wir verletzt, hintergangen, enttäuscht oder nicht ernst genommen werden. Und wenn wir nicht lernen, unserem Drang nach Rache und Vergeltung mit einer Entscheidung zu widerstehen, werden wir traurig und bitter.

Vor dieser Entscheidung stand auch eine junge Frau aus der Bibel, die Jesus begegnete. Ihr erstes Treffen mit Jesus war äußerst dramatisch – Jesus befreite sie von sieben Dämonen. Irgendwie nachvollziehbar, dass sie nach diesem Erlebnis nicht mehr von seiner Seite wich. Sogar bei seiner Kreuzigung blieb sie bei Jesus, bis zum bitteren Ende. Als Jesus starb, brach für die Frau eine Welt zusammen. Sie besuchte kurze Zeit später die Grabhöhle, wo man Jesu Leichnam hingebracht hatte. Doch als sie dort ankam, war das Grab leer! Dann begegnete ihr Jesus als Auferstandener und sagte zu ihr:

»Maria!«, sagte Jesus. Da wandte sie sich um und rief: »Rabbuni!« (Das bedeutet »Meister«; Maria gebrauchte den hebräischen Ausdruck.)

Jesus sagte zu ihr: »Halte mich nicht fest!«

Johannes 20,16–17a NGÜ

Jesus begegnet nach seiner Auferstehung als Erstes der trauernden Maria, die Jesus über alles liebte, sich immer an ihm festhielt und ihr Leben nach ihm ausrichtete. Darum nannte sie ihn auch bei seinem hebräischen Titel, Rabbuni, was »Meister, Lehrer« bedeutet. Maria sagte damit: »Du bist und bleibst mein Lehrer, mein Ein und Alles. Dank dir durfte ich erleben, wie ich geheilt wurde, und ich will dir folgen auf Schritt und Tritt. Endlich, Jesus, bist du wieder da – jetzt lasse ich dich nicht mehr los!« Doch Jesus schaute sie mit seinen liebenden Augen an und sagte: »Maria, halte mich nicht fest.« Damit sagte er: »**Ich bin nicht zurückgekommen, um an alte Geschichten anzuknüpfen. Ich bin nicht zurückgekommen, damit es wieder so wird wie früher. Ich bin auch nicht zurückgekommen, um dort fortzufahren, wo wir stehengeblieben sind. Sondern ich bin gekommen, um alles NEU zu machen.**«

Und dies sagt Jesus auch jeden Tag zu dir und mir:

»Egal, was du erlebt hast, was du durchgemacht hast, was dir widerfahren ist, wie du behandelt wurdest und was du alles falsch gemacht hast – lass es los, halte nicht daran fest, denn ich bin gekommen, um alles neu zu machen.«

Doch damit wir das Neue entdecken und in unserem Leben sehen können, müssen wir lernen, das Alte und Bekannte, die

Verletzungen, schlechten Beziehungen und negativen Erlebnisse fallen zu lassen.

Im zweiten Korintherbrief lesen wir diesbezüglich:

Und wo der Geist des Herrn ist, da ist Freiheit.
2. Korinther 3,17b NGÜ

Nicht dort, wo der Geist war, sondern dort, wo er ist. Wenn du immer wieder über dein Versagen, deine Vergangenheit und deine Verletzungen nachdenkst, wirst du dort keine Freiheit finden. Der Segen, Gottes Zuspruch, seine Verheißungen sind in unserem Jetzt, in unserem Heute zu finden. Darum beginne jeden Tag, indem du sagst:

»Heute ist ein neuer Tag. Heute warten neue Siege, neuer Segen, neue Beziehungen und neue Möglichkeiten auf mich! Heute ist der Tag, den der Herr gemacht hat.«

Heute ist ein neuer Anfang. Gestern ist Geschichte, der morgige Tag ein Geheimnis, doch heute ist die Gegenwart, und die zu erleben, ist ein Geschenk! Das Trauern über das, was gestern falsch lief, bringt dir die Freude nicht zurück. Das dauernde Beklagen über das, was nicht geklappt hat, bringt dir den Segen auch nicht in dein Leben. Über die verpassten Chancen frustriert zu sein, verändert auch nichts mehr. Heute ist der Tag, an dem du neu beginnen kannst, an dem du all das Negative fallen lassen und wieder nach vorne schauen darfst.

Du magst ein Produkt deiner Vergangenheit sein, aber du musst kein Gefangener deiner Vergangenheit sein. Nichts, was dir widerfahren ist, ist eine Überraschung für unseren Gott. Als Gott den Plan für dein Leben festgelegt hat, sah er jeden Moment deines Lebens, auch die, die dich verletzen

Ich lasse meine Fehler stehen, mache mich wieder auf und gehe vorwärts.

würden. Er sah alles, was dir widerfahren würde, und jeden Fehler, den du machen würdest. Und die gute Nachricht ist: Gott hat für jeden deiner Rückschläge schon das Comeback vorbereitet. Bleib Gott einfach treu und gib dich und das Leben nicht auf. Sage zu dir selbst:

»Das, was war, lasse ich hinter mir. Ich mache mich auf ins **Jetzt**. Ich lasse meine Selbstanklage los. Ich lasse meine Scham los. Ich lasse meine Fehler stehen, mache mich wieder auf und gehe vorwärts. Ich habe lange genug mein negatives Gepäck mit mir herumgetragen. Ich will wieder sehen und entdecken, was Gott heute für mich bereithält.«

Auch Paulus ermutigt uns in der Bibel, nach vorne zu schauen:

Geschwister, ich bilde mir nicht ein, das Ziel schon erreicht zu haben. Eins aber tue ich: Ich lasse das, was hinter mit liegt, bewusst zurück, konzentriere mich völlig auf das, was vor mir liegt, und laufe mit ganzer Kraft dem Ziel entgegen, um den Siegespreis zu bekommen – den Preis, der in der Teilhabe an der himmlischen Welt besteht, zu der uns Gott durch Jesus Christus berufen hat. *Philipper 3,13–14* NGÜ

Paulus, ein Mann, der fast die Hälfte des Neuen Testaments geschrieben hat, hätte auch sagen können:»Freunde, ich fokussiere jetzt all meine Energie darauf, ein noch besserer Schreiber zu werden. Außerdem arbeite ich an meiner Leiterschaft, damit ich mit meinem Leben noch mehr bewirken kann.« Doch stattdessen schrieb er einfach:»Ich lasse das, was hinter mir liegt, bewusst zurück und konzentriere mich völlig auf das, was vor mir liegt!«

Er wusste um die Wichtigkeit, Negatives fallen zu lassen, loszulassen und wieder nach vorne zu schauen. Er wusste, dass ihn all das Negative sonst dabei ausbremsen würde, das Ziel seines Lebens zu erreichen und all das auszuleben, was Gott für ihn vorbereitet hatte. Paulus wurde angeklagt, man versuchte x-mal, ihn umzubringen; er wurde verraten, ins Gefängnis gesteckt, verfolgt – sein Leben war hart. Er wusste, dass es schnell gehen kann und man bitter wird. Deshalb entschied er sich, immer wieder all das Negative in seinem Leben loszulassen, um nie in die Versuchung zu geraten, Gott anzuklagen. Mit anderen Worten sagte Paulus:

»Liebe Freunde, ich will alles aus meinem Leben herausholen. Ich will immer wieder sehen und erleben, wie Gott mich weiterführt und wie ich für ihn mein Bestes geben kann, weil ich durch nichts in meinem Leben ausgebremst werde.«

Denn all die Lasten, all das Negative, das wir mit uns herumtragen, wird schwerer und schwerer, je länger wir darüber reden, uns daran erinnern und allen davon erzählen. Es ist mit einem Rucksack zu vergleichen. Wir beginnen unser Leben mit einem leeren Rucksack. Leicht und fröhlich starten wir als Kinder beschwingt ins Leben. Doch je älter wir werden, umso mehr werden wir auch verletzt. Menschen sind gegen uns, sie behandeln uns unfair, verstehen uns nicht und fügen uns Schaden zu. Und jede Verletzung, die wir erleben, jedes negative Erlebnis, ist wie ein Stein, den wir in unseren Rucksack legen. Am Anfang deines Lebens bemerkst du diese Steine noch nicht. Doch je älter du wirst, umso schwerer wird die Last und umso mehr bremsen dich diese Steine aus.

Wenn wir also fröhlich, gelassen und frei durchs Leben gehen wollen, müssen wir lernen, wie Paulus es uns rät, das Negative hinter uns zu lassen – so entfernen wir die Steine aus unserem Rucksack.

Doch wie genau gehen wir es an? Indem wir vergeben, uns entscheiden, loszulassen, und nicht mehr darüber reden. Indem wir aufhören, darüber nachzudenken. Aufhören, allen zu erzählen, wie ungerecht und unfair wir behandelt worden seien. Aufhören, uns immer wieder in Erinnerung zu rufen, wie verletzend dieser Verlust war, wie schwer dieses Erlebnis war und wie schlimm es war, wie wir betrogen wurden. Wir entscheiden uns bewusst, es fallen zu lassen, das Negative zu beerdigen und nicht mehr hervorzuholen.

Wenn wir das Negative nämlich behalten und tief in uns aufbewahren, wird es uns früher oder später einholen und unser Schicksal bestimmen, wie es uns die Geschichte von Ahitofel lehrt. Ahitofel war viele Jahre lang die rechte Hand von König David. 25 Jahre lang diente er ihm, bis zu dem Tag, als Davids Sohn sich gegen seinen Vater stellte und diesen vom Thron stieß. An jenem Tag schlug sich Ahitofel auf die Seite des Verräters. Warum? Viele Theologen gehen davon aus, dass Ahitofel der Großvater von Batseba war, der Frau, mit der David eine Affäre hatte. Im Rahmen dieser Affäre wurde Batseba schwanger. Da sie aber eigentlich verheiratet war und ihr Mann sich auf dem Schlachtfeld befand, um für David zu kämpfen, musste dieser sterben, damit David die Witwe noch früh genug heiraten könnte und niemand hinter diese Schandtat käme. So geschah es, dass David den Mord von Batsebas Ehemann organisierte, sie heiratete und niemand von seinem Ehebruch etwas ahnte.

Doch Gott sah es und zog David zur Rechenschaft. Als Konsequenz starb das Kind bei der Geburt, das aus dieser Affäre heraus entstanden war. Nun geht man davon aus, dass Ahitofel David seinen Fehler nie vergeben konnte. Klar, Davids Tat war falsch und schlimm. Klar hatte Ahitofel das Recht, zornig zu sein. Doch anstatt diesen Zorn irgendwann loszulassen und David zu vergeben, trug Ahitofel diese Last und diesen Schmerz über den Tod seines Urenkels jahrelang mit sich herum. Nach außen hin sah alles gut aus. Doch eigentlich wartete Ahitofel nur auf den Moment, es David endlich heimzuzahlen. Und dieser Moment kam, als sich der Sohn gegen David erhob. Nun dachte Ahitofel: »Jetzt ist meine Zeit gekommen und ich kann David alles heimzahlen!« Doch Gott war auf der Seite Davids und hatte keine Freude am harten und bitteren Herz Ahitofels. Er sorgte dafür, dass Absolom, der Sohn Davids, nie auf ihn hörte. Er, der beste Ratgeber, die rechte Hand des Königs, weitherum geachtet und bekannt, erfuhr ein trauriges Ende. Wir lesen:

Als Ahitofel merkte, dass sein Rat nicht befolgt wurde, sattelte er seinen Esel, ging zurück in seine Heimatstadt, brachte seine Angelegenheiten in Ordnung und erhängte sich. Er starb und wurde im Grab seines Vaters begraben.
2. Samuel 17,23 NLB

Das ist das Ende der Geschichte von Ahitofel. Ahitofel hatte alles, was man sich wünschen konnte. Er war ein geachteter und guter Berater, die rechte Hand Davids, erfolgreich und beliebt. Doch er konnte die negative Geschichte aus seiner Vergangenheit nicht loslassen, verpasste so sein Ziel und starb zu früh.

Lerne von dieser Begebenheit – lass deine Verletzungen los und hole sie nie mehr hervor. Schaue wieder nach vorne und laufe deinen Lauf mit voller Leidenschaft und Begeisterung für deinen Gott, und er wird dir jeden Tag geben, was du brauchst. Vergib den Menschen, die dich verletzt haben, und dann lass die Verletzungen und die Bitterkeit fallen. Vielleicht klagst du auch Gott an, weil ein geliebter Mensch viel zu früh von dir gegangen ist oder weil das Leben nicht so lief, wie du es dir

vorgestellt hast. Vielleicht klagst du Gott an, weil er deine Gebete nicht so beantwortet hat, wie du es dir gewünscht hättest.
Jesus ruft dir zu, was er zu Maria sagte:

»Halte nicht daran fest!

Vergib, lass es fallen,

Neues wartet auf dich.«

Wir werden unsere Zufriedenheit und unsere Freude nie
finden, wenn wir an Vergangenem festhalten. Laufe weiter,
schaue wieder nach vorne, heute ist ein neuer Tag.

Gott verspricht uns in der Bibel: Wenn wir uns entscheiden loszulassen, zu vergeben und wieder nach vorne zu schauen, dann wird er uns immer wieder die nötige Kraft und Ausdauer schenken.

Im Jahr 1968 waren die Olympischen Spiele in Mexico City. Während des Marathons stürzte ein junger Mann aus Tansania und verletzte sich am Knie. Er war wüst zugerichtet und blutete, doch irgendwie brachte es sein Trainer hin, dass er humpelnd weiterlaufen konnte. Es waren nur noch ein paar wenige Zuschauer dort. Die Hauptlichter im Ziel waren schon ausgeschaltet, die meisten TV-Kameras weg und das Rennen war offiziell beendet. Er kämpfte sich die letzten Meter Richtung Ziel, erschlagen, müde und kurz vor dem Ende.

Doch dann passierte etwas Spannendes. Als die restlichen Zuschauer ihn sahen, standen sie auf, klatschten und jubelten ihm auf den letzten paar Metern zu. Je näher er dem Ziel kam, desto lauter wurden sie. Die kleine übriggebliebene Menge tobte fast so laut wie bei dem Läufer, der Stunden zuvor als Erster im Ziel angelangt war. Mit einem Strahlen im Gesicht lief der Mann unter dem tosenden Beifall der Zuschauer ins Ziel ein. Man hätte meinen können, er wäre Erster und würde die Goldmedaille gewinnen, so glücklich war er.

Es war ein sehr berührender Moment, der später überall auf der Welt im Fernsehen gezeigt wurde. Ein Reporter fragte ihn nach diesem Ereignis: »Warum hast du das Rennen fortgesetzt, obwohl dein Knie verletzt war und du keine Chance mehr auf eine gute Platzierung hattest?« Der junge Mann aus Tansania sagte nur: »Mein Volk hat mich nicht über 12.000 Kilometer hierhergesandt, um einen Marathon zu laufen, den ich nicht beende!«

Ich erinnere mich noch gut an den Moment, als ich total erschöpft und am Ende meiner Kräfte über die Ziellinie des New-York-Marathons lief. Die Menge jubelte mir zu und hinter der Ziellinie wartete eine Frau mit einer Medaille auf mich. Sie gratulierte mir und hing mir die Medaille um den Hals. Die Medaille wird traditionsgemäß auch noch am nächsten Tag getragen. Wenn die Läufer dann die Läden in der City besuchen, kann es vorkommen, dass hier und dort ein Fremder einem einen High-five gibt und gratuliert. Niemand fragt dabei nach der Zeit. Niemand will wissen, ob du gut gelaufen bist oder nicht. Du hast die Medaille und das ist alles, was zählt.

So ist es im Himmel. Eines Tages werden wir über die Ziellinie laufen, Gott, Jesus, sein Geist, seine Engel und ganz viele Menschen werden uns zujubeln. Gott wird uns in die Arme nehmen und uns im Himmel willkommen heißen. Wie und was wir alles durchgemacht haben, wie oft wir gefallen sind, wie oft wir verletzt wurden und wie oft wir versagt haben, spielt dann keine Rolle mehr. Wir haben es durchgezogen, wir sind drangeblieben, das ist alles, was am Ende zählt.

Darum mach es wie dieser junge Afrikaner – **auch wenn das Leben dich verletzt, auch wenn Menschen sich gegen dich stellen, steh wieder auf, lass los und laufe weiter.**

Mach es wie Paulus, der uns rät, all das Negative hinter uns zu lassen, wieder nach vorne zu schauen und den Lauf zu vollenden. Jesus ruft dir zu:

»Halte nicht fest an negativen Erlebnissen, Verletzungen und Enttäuschungen. Geh vorwärts und bleib nicht stehen – ich warte auf dich. Ich bin gekommen, um etwas Neues zu machen, auch in deinem Leben! Schaue auf mich, vergib und geh wieder weiter. Da sind neuer Segen und neue Möglichkeiten, die auf dich warten!«

Jeden Tag NEU

RESERVERAD

»Ich fühle mich gut und bin zufrieden,
weil ich weiß, dass ich alles in mir habe,
was ich brauche. Ruhe und Frieden sind in
mir. Ich kann vergeben, ich kann mich freuen,
ich kann lachen, ich kann das Schöne sehen.
Auch wenn nicht alles so ist, wie ich es gern
hätte, weiß ich tief in mir, dass es gut ist,
so wie es ist.«

Beschütze deinen Frieden.

Wir dürfen jeden Morgen neu vom Besten ausgehen und erwarten, dass Gott Wunder tun wird, dass wir einen genialen Tag erleben werden und dass wir all das Gute sehen und entdecken werden, was Gott für uns bereithält. Nicht immer läuft unser Tag genau so, wie wir es erwartet und uns noch am Morgen ausgemalt haben. Denn uns begegnen »Schlaglöcher«. Mit Schlaglöchern meine ich zum Beispiel unangenehme Gespräche, negative Begegnungen, peinliche Misstritte, Stau auf dem Weg zur Arbeit, ein Mensch, der uns im Zug unnötig vollquatscht, eine Rechnung im Briefkasten, die wir nicht erwartet haben, oder die Reaktion eines Familienmitglieds, die wir nicht verstehen. Überall im Alltag begegnen uns Herausforderungen, und die Frage ist: Halten mich diese Schlaglöcher auf oder kann ich meinen inneren Frieden und meine Ruhe bewahren?

Wenn wir mit dem Auto unterwegs sind, haben wir für Schlaglöcher, die zu einer Panne führen, ein Reserverad. Wir können es hervorholen, das kaputte Rad wechseln und die Reise geht weiter. Ein solches Reserverad brauchen wir auch in unserem geistlichen Leben. Denn wenn wir unser Glück, unseren Frieden und unsere Freude von einem gelungenen, perfekten Tag abhängig machen, werden wir fast täglich enttäuscht werden. Entscheide dich darum immer wieder bewusst, mit Gott durch den Tag zu gehen. Sage zu dir selbst:

»Ich lasse mir meinen Frieden und meine Freude nicht rauben. Kommt etwas in mein Leben, das mir die Freude rauben will, setze ich mich nicht an den Straßenrand und drehe Däumchen. Nein, ich hole mein Reserverad hervor. Das heißt, ich halte an der Freude Gottes fest und fahre einfach weiter.

Nichts und niemand kann mir den Frieden und die Freude Gottes rauben. Ich bin ein Kind Gottes und Gott hat auch heute, trotz dieser Panne, trotz dieser Herausforderung, trotz dieses Missgeschicks oder trotz dieses Fehlers, noch so viel Gutes für mich bereit. An dieser Wahrheit halte ich mich fest. Ich lasse mich nicht von Nebensächlichkeiten, die mir begegnen, ausbremsen. Ich fahre einfach weiter. Amen!«

Man könnte es auch so sagen: Wir müssen den Fokus behalten, es durchziehen, egal, was die anderen um uns herum sagen oder wie die Umstände aussehen. Auch Paulus rät uns dies in der Bibel:

Freut euch, was auch immer geschieht! Lasst euch durch nichts vom Gebet abbringen! Dankt Gott in jeder Lage! Das ist es, was er von euch will und was er euch durch Jesus Christus möglich gemacht hat. *1. Thessalonicher 5,16–18* NGÜ

In diesem Vers entdecken wir drei Ratschläge:

1. Freue dich

Egal, was geschieht und dir widerfährt, lass dir nicht die Freude rauben. Dies ist unser Reserverad – immer wieder in allen Alltagssituationen die Freude zu suchen. Selbst im größten Leid, im größten Pech, im größten Versagen werden wir irgendeinen Grund finden, weshalb wir uns freuen und trotz allem unser Lachen und unsere Freude behalten können.

2. Bete

Und was machst du, wenn du dich trotz aller Anstrengung doch nicht freuen kannst? Wenn du niedergeschlagen, müde und traurig bist? Dann, so sagt uns Paulus, bete.

Marta Dzedishko-Plexars

3. Danke

Und was und wie sollst du beten? Auch auf diese Frage gibt uns Paulus eine Antwort: **Danke**. Danke Gott, dass er die Lage im Griff hat, danke ihm, dass er einen Weg findet. Durch dieses Danken, durch die Entscheidung, Gott trotz allem anzubeten und ihn zu ehren, wirst du wieder neue Freude finden, und somit wären wieder bei Punkt eins: Freue dich. Wir können uns wieder freuen, weil wir einen tiefen und echten Frieden in unserem Herzen finden. Wir freuen uns, weil wir erleben, wie Gott da ist und uns nicht im Stich lässt. Wir können uns auf all das Gute freuen, das noch kommen wird, und wir erwarten voller Vorfreude das Wunder, den Durchbruch, die Heilung, den Segen, die Wiederherstellung oder die Tür, die sich öffnen wird.

Dieser Vers ist unser Reserverad-Vers. Denn niemand von uns ist perfekt. Es gibt keinen perfekten Chef, keinen perfekten Freund, keinen perfekten Nachbarn und auch keinen perfekten Ehepartner. Früher oder später macht immer irgendjemand Schwierigkeiten, verletzt uns, behandelt uns unfair. Doch dann können wir einfach zu uns selbst sagen:

»Ganz ruhig, ich lasse mir meine Freude nicht rauben. Ich schaue einfach wieder nach vorne. Ich blicke auf Gott und finde immer etwas, über das ich mich freuen kann.«

Freut euch, was auch immer geschieht! Lasst euch durch nichts vom Gebet abbringen! Dankt Gott in jeder Lage! Das ist es, was er von euch will und was er euch durch Jesus Christus möglich gemacht hat.

1. Thessalonicher 5,16–18 NGÜ

Doch statt mit dieser Entscheidung zur Freude in den Tag zu starten, beginnen viele Menschen ihren Tag einfach neutral oder getrieben von ihren Terminen und Aufgaben. Werden sie dann von ihren Mitmenschen unfair oder unfreundlich behandelt, gehen sie in die Offensive und sagen: »Das lasse ich mir nicht gefallen! Da muss ich etwas unternehmen und für mein Recht kämpfen.« Das Wort »Offensive« geht auf das lateinische Verb offendere zurück und bedeutet »anstoßen, angreifen, verletzten«. Bevor wir also in einen Kampf ziehen, werden wir von irgendetwas »angestoßen«. Irgendetwas klingt in uns an und provoziert uns. Das Böse versucht uns und sagt zu uns: »So wie dich dein Ehepartner behandelt, das musst du dir nicht bieten lassen. Bestehe auf dein Recht und kämpfe.« Oder: »Das geht doch nicht, wie die Regierung wieder entschieden hat. Das ist doch absoluter Blödsinn, das musst du dir nicht bieten lassen, geh auf die Barrikaden.« Oder auch: »Wie dein Chef dir begegnet ist, das geht gar nicht. Zahl es ihm heim. Kämpfe für dein Recht!«

Wir alle sind immer wieder in der Versuchung, solche Kämpfe auszufechten. Doch wenn wir ehrlich sind, bringen uns diese Kämpfe nichts. Denn wenn wir auf den Köder des Teufels hereinfallen, verstricken wir uns in einem Kampf, den wir nicht kämpfen sollten, und verlieren unser gottgegebenes Ziel aus den Augen und unsere Freude schwindet. Darum sollten wir immer folgende Überlegungen anstellen, bevor wir in einen Kampf ziehen:

»Hat dieser Kampf etwas mit meiner von Gott gegebenen Berufung zu tun? Wenn nicht, dann sollte ich einfach nicht darauf einsteigen. Denn was würde es mir bringen, diesen Kampf zu gewinnen, außer der egoistischen Befriedigung? Was will ich mir selber mit diesem Kampf beweisen?«

Denn wann immer wir in einen Kampf ziehen und auf unser Recht pochen, verlieren wir unseren Frieden. Wir verlieren unsere Dankbarkeit und schlussendlich auch unsere Freude und unseren Fokus.

Darum sollten wir lernen, nur diejenigen Kämpfe auszufechten, die uns auch wirklich weiterbringen, und alles andere getrost auf sich beruhen lassen.

Dies können wir auch vom jungen David lernen. Er kommt eines Tages aufs Schlachtfeld, um seinen Brüdern, die sich in einer Schlacht befinden, Essen zu bringen. Dort am Kriegsschauplatz angekommen sieht er, wie Goliat, ein Riese und ein unglaublicher Kämpfer der feindlichen Armee, jemanden zum Zweikampf herausfordert. David fragt im Lager herum, warum dieser Goliat jemanden zum Zweikampf herausfordert und um welchen Einsatz es geht. Die Soldaten erzählen ihm, dass der König dem Mann, der sich diesem Kampf stellen und ihn gewinnen würde, eine hohe Belohnung versprochen habe. Davids älterer Bruder bekommt mit, wie dieser junge Teenager im Lager herumfragt, und reagiert folgendermaßen:

Als Eliab, Davids ältester Bruder, ihn so mit den Soldaten reden hörte, wurde er zornig.»Was hast du überhaupt hier zu suchen?«, fuhr er ihn an.»Und wer hütet jetzt die paar Schafe und Ziegen in der Steppe? Ich weiß doch genau, wie eingebildet und hinterhältig du bist! Du bist nur zu uns gekommen, um dir eine Schlacht anzusehen.«»Was habe ich denn getan?«, entgegnete David.»Ich habe doch nur eine Frage gestellt!« Er drehte sich zu einem anderen um und fragte noch einmal nach der Belohnung. Und wieder erhielt er dieselbe Antwort. *1. Samuel 17,28–30* HFA

Eliab stauchte David so richtig zusammen und beleidigte ihn.

Doch was tat David? Er ging einfach weiter und sprach mit anderen Männern über seine Frage. Statt zu kämpfen, statt sich zu rechtfertigen, sagte er quasi:»Easy, Bro, ich habe nur eine Frage gestellt.« Und dann lässt er seinen Bruder einfach links liegen. Ich kann mir gut vorstellen, dass David sich dachte:»Bruder, ich habe mit Löwen gekämpft, ich habe mit bloßen Händen Bären erledigt, um die Schafe unseres Vaters zu beschützen, dann kann ich es mit der Hilfe Gottes auch mit diesem Riesen Goliat aufnehmen. Aber was will ich dir schon erklären, du hörst mir ja eh nicht zu. Es bringt nichts, du verstehst es eh nicht.«

So wie David können auch wir lernen, all die nebensächlichen Kämpfe einfach stehen zu lassen.

Unterlasse Kämpfe mit Menschen, die dich nur ablenken wollen.

Unterlasse Kämpfe mit Personen, die nur deine Zeit rauben wollen.

Unterlasse Kämpfe mit Leuten, die eifersüchtig sind, die dich nicht achten und schätzen, die deine Talente nicht sehen und die es eh nicht verstehen würden.

Ich denke, das war das Geheimnis Davids. Wäre David auf die Provokation seines Bruders eingestiegen, hätte er vielleicht seinen eigentlichen Kampf verpasst: den Kampf gegen Goliat. Und er hätte vielleicht nicht den Riesen besiegt, wäre somit nicht in die Geschichtsbücher eingegangen, wäre nicht an den Hof des Königs gekommen und wohl auch nicht selber König geworden. Auch wir sind in Gefahr, den echten Kampf, für den wir berufen und bestimmt sind, zu verpassen, wenn wir uns auf einem Nebenschauplatz in unserem Leben in einen Kampf haben ziehen lassen, der uns vom eigentlichen Ziel ablenkt. Falle nicht auf die Köder herein, die dir der Teufel täglich vor die Füße legt. Lass all die nebensächlichen Kämpfe einfach links liegen und gehe weiter. Lass dir die Ruhe und die Freude nicht rauben, denn Gott hat mehr für dich bereit.

Führe Kämpfe, die es sich lohnt, zu kämpfen.

Kämpfe um deine Ehe, um deine Freundschaften, um Menschen, die Gott nicht kennen, indem du für sie betest. **Führe Kämpfe, die dich weiterbringen, an den Ort deiner Bestimmung, den Gott für dich vorbereitet hat.**

Bleiben wir noch bei David. Sein Herz und seine Sehnsucht, Gott zu gefallen und auch wirklich das zu tun, was Gott mit ihm tun wollte, kommt auch in einem seiner Lieder so schön zum Vorschein.

Stelle eine Wache vor meinen Mund, HERR, ja, achte auf die Worte, die über meine Lippen kommen. Lass nicht zu, dass mein Herz sich zum Bösen verleiten lässt – sei es in gottlosen Worten oder Taten, dass ich gemeinsame Sache mache mit Leuten, die Übeltäter sind. Nicht einmal kosten will ich von ihren Leckerbissen! *Psalm 141,3–4* NGÜ

Was für ein Wunsch! David sagt damit:

»Gott, hilf mir, nicht Dinge zu sagen, die ich nicht sagen sollte. Hilf mir, mich von Menschen zu distanzieren, die mich nur mit Nebensächlichkeiten beschäftigen und ablenken wollen. Ich will nicht auf ihre Leckerbissen – ihre Köder – hereinfallen. Ich schweige lieber und lasse mich nicht hinreißen, einen Kampf zu kämpfen, für den ich nicht bestimmt bin. Ich halte stattdessen an deinen Zusagen, deinem Frieden und deiner Freude fest.«

Auch für uns könnte dies ein Gebet sein, das sich positiv und wertvoll auf uns und unser Umfeld auswirkt. Gerade in der heutigen Zeit wäre es so wertvoll, wenn wir aufhören würden, überall unseren Senf dazuzugeben, einen Kreuzzug gegen alles zu führen, was uns sauer aufstößt, und stattdessen einmal mehr schweigen und mit unserer Entscheidung zur Ruhe ein bisschen mehr Frieden und Freude in den Alltag bringen würden. Denn wir dürfen uns freuen, wir können und dürfen auf das Gute schauen, auch wenn es nicht immer so läuft, wie wir uns ausgemalt haben. Denn wir haben einen Gott an unserer Seite, der uns noch in den größten Herausforderungen, mitten in all unseren Problemen und Nöten einen Tisch mit all seinen Gaben und Zusagen deckt. Einen Tisch, auf dem sein Segen auf uns wartet. Statt Kämpfe auf Nebenschauplätzen unseres Lebens zu führen, setzen wir uns besser an den Tisch, den Gott uns jeden Tag von neuem vorbereitet und an dem er auf uns wartet, um uns mit seinen Ideen, seinen Möglichkeiten, seiner Freude und Nähe zu segnen.

Dies beschreibt David wiederum in einem weiteren Lied:

Du lädst mich ein und deckst mir den Tisch selbst vor den Augen meiner Feinde. Du salbst mein Haupt mit Öl, um mich zu ehren, und füllst meinen Becher bis zum Überfließen. *Psalm 23,5 NGÜ*

Jeden Morgen dürfen wir uns an diesen Tisch setzen, auch – oder gerade – wenn es in unserem Leben tobt und stürmt. Inmitten unserer Feinde, unserer Fragen, unseres Versagens, unserer Ängste und Sorgen können wir uns an den Tisch setzen. Dort wartet Gott auf uns. Immer und immer wieder. Dort entdecken wir all seine Zusagen, seinen Segen und seine Fülle, die er für uns vorbereitet hat. Wir können uns jeden Morgen entscheiden: Gehen wir einfach so in den Tag hinein oder nehmen wir uns bewusst Zeit, um den Tag mit Gott zu starten? Setzen wir uns an den für uns gedeckten Tisch und lassen uns von ihm dienen? Wenn ja, dann beginnen wir unseren Tag garantiert anders. Weil wir Vergebung gefunden haben, weil wir neue Freude und Hoffnung entdeckt haben, weil wir mit Zuversicht und Glaube erfüllt sind.

Wir beschützen unseren Frieden, weil wir jeden Morgen auf all das schauen, was Gott für uns bereithält. Kommen Schlaglöcher in unser Leben und versuchen uns aus der Bahn zu werfen, haben wir einen Ersatzreifen parat. Wir bleiben nicht stehen, sondern bleiben unterwegs. Denn wenn wir uns für die Freude entscheiden, entscheiden wir uns gleichzeitig dazu, Gott anzubeten und ihm zu danken. Wir werden immer mindestens einen Grund finden, Gott dankbar zu sein. Gott anzubeten, ihn zu ehren und ihm zu danken ist unsere Bestimmung.

Neue Freude wird kommen, neue Perspektiven werden sich eröffnen.

Wir lassen uns nicht vom Teufel ködern. Darum führen wir auch keine Kämpfe auf Nebenschauplätzen unseres Lebens und lassen uns durch nichts davon abbringen, unseren Lauf zu laufen. Wir ignorieren Personen, Neider und Situationen, die es nicht wert sind, darum zu kämpfen, und verpassen so nicht die Goliats in unserem Leben, die wirklich unsere Aufmerksamkeit verdienen. Wir beten lieber einmal zu viel: »Gott, bewache meinen Mund«, und schweigen lieber einmal zu viel, als immer und überall unseren Senf dazuzugeben. **Wir bringen Frieden und Freude in den Alltag hinein, weil wir uns immer wieder an den Tisch setzen, den Gott inmitten unserer Anfechtungen, Misserfolge, Ängste und Feinde gedeckt hat.** Ein Tisch seines Segens, an dem er uns dienen will. An dem er uns ausrüsten, begegnen und bevollmächtigen will. So gehen wir gestärkt in den Tag und lassen uns nicht ablenken, da wir wissen, wer wir sind: ein Kind Gottes − sein Meisterwerk −, dem vergeben und das ausgestattet ist mit allem, was es braucht, um sein bestes Leben zu leben!

Gott hat dich und dein Leben in seiner Hand. Er hat alle Siege, sämtliche Durchbrüche und den vollen Segen schon für dich vorbereitet. Gott will und wird deine Schritte lenken und dir seinen Weg für dich zeigen. Er weiß, wo du stehst, wie es dir geht und in welchen Umständen du dich gerade befindest.

Darum kannst du dich für den Frieden und die Freude entscheiden, denn Gott wird für dich sorgen und dir zur richtigen Zeit immer wieder eine neue Tür öffnen. Fokussiere dich nicht auf das Schlechte, sondern lege dein Augenmerk auf das Schöne, ehre Gott und sei dankbar.

Genieße die kleinen, heiligen Momente, die jeden Tag auf dich warten. Du hast die Autorität in dir, dich für das Richtige zu entscheiden und Kämpfe auf Nebenschau- plätzen deines Lebens einfach zu ignorieren.

SAG ES

»Ich habe Disziplin, Durchhaltevermögen, den Glauben ans Unmögliche und eine große Erwartungshaltung. Ich habe Gottes Kraft in mir. Ich werde den Lauf mit Jesus zusammen erfolgreich vollenden. Ich bleibe unterwegs mit ihm. Ich werde mich nicht vom Ziel abbringen lassen. Ich habe alles in mir, was ich brauche, um mein bestes Leben zu leben!«

Nichts ist unmöglich,
dem der glaubt – und spricht!

1971 wurde ein unauffälliger Mann zum Firmenchef eines schwerfälligen alten Papier-Unternehmens gewählt. Der Verwaltungsrat war sich nicht sicher, ob er mit diesem einfachen Mann die richtige Wahl getroffen hatte. Doch in den nächsten 20 Jahren gelang diesem eine verblüffende Transformation des Unternehmens. Er brachte die Firma weltweit an die Spitze und schaffte es, aus einem mittelmäßigen Unternehmen eine Spitzenfirma zu machen. Bis heute sagt uns, wie auch den meisten Wirtschaftsstudenten, der Name Darwin Smith jedoch nichts. Am liebsten verkehrt er mit Klempern und Elektrikern, und in den Ferien rumpelt er mit seinem Pflug über die Felder seiner Farm in Wisconsin. Promi-Allüren sind ihm fremd. Von einem Journalisten gebeten, seinen Managementstil zu beschreiben, starrt Darwin Smith ihn durch die Gläser seines schwarzen Brillengestells an und sieht dabei wie ein Bauernjunge aus, der sich im Supermarkt gerade seinen ersten Anzug gekauft hat. Doch entgegen allem Anschein steckt hinter Smiths schüchterner und bescheidener Art unerschütterliche, zähe Entschlossenheit, sein Ziel zu erreichen.

Ich habe in einem Managementbuch von Jim Collins über diesen Darwin gelesen, den unscheinbaren Helden, der eine Firma aus dem Nichts an die Spitze brachte. So wie er mit Disziplin, Durchhaltewille, Fokus und einem unbeirrbaren Glauben, dass es möglich sein würde, die Firma veränderte und erfolgreich werden ließ, haben auch wir all die Eigenschaften in uns, die uns helfen werden, unser Ziel mit Gott zusammen zu erreichen.

In der Bibel lesen wir die Geschichte einer Frau, die mit

Zwillingen schwanger war. Bei der Geburt schien es zunächst so, als würde das Kind, das eigentlich im Mutterleib an zweiter Position war, zuerst das Licht der Welt erblicken. Der Junge hielt nämlich mit seiner Hand die Ferse seines Bruders fest. Letztendlich kam aber doch das vordere Kind zuerst auf die Welt. Schon als die Kinder im Bauch ihrer Mutter wild um sich strampelten, offenbarte Gott der Mutter, dass von diesen Knaben einmal zwei verfeindete Völker abstammen würden. Die Mutter hatte also zwei wesensmäßig ganz unterschiedliche Kinder in sich.

In der Geschichte sehen wir dann, dass der Zweitgeborene tatsächlich später den Segen des Erstgeborenen für sich beanspruchen würde und ihn auch erhielt.

Genau so wie bei diesen Zwillingen in der Mutter gibt es auch in uns zwei Stimmen. Die eine Stimme sagt uns das, was sich auch der Zweitgeborene sagte:»Ich will den vollen Segen für mein Leben, ich will mein Potential entfalten und das Leben voll auskosten, zu dem mich Gott geschaffen und berufen hat.« Die andere Stimme sagt zu uns:»Ich werde nie aus meinen Schulden herauskommen. Das Leben meint es nicht gut mit mir. Ich werde bestimmt nicht erleben, wie meine Träume wahr werden und ich meine Ziele erreiche. Ich arrangiere mich besser mit meinen Umständen.« Die eine Stimme sagt uns:»Das Leben hat mehr für dich zu bieten, gib dich nicht mit dem Mittelmaß zufrieden!« Die andere Stimme versucht uns zu überzeugen:»So ist das Leben eben. Lass dich dort, wo du dich gerade befindest, nieder, ruh dich aus, gib auf und lebe dein Leben, ohne dir groß Gedanken zu machen − ohne Träume, neue Perspektiven und neue Ideen.«

Wir können wählen, welcher Stimme wir Glauben schenken wollen. Leider entscheiden sich viele falsch und geben der

Gemütlichkeit, der Faulheit und der Bequemlichkeit Raum. Mache nicht denselben Fehler.

Gib dich nicht mit dem Mittelmaß zufrieden.

Gott hat mehr für dich bereit. Wir können mit Gott zusammen alles schaffen, was wir uns vornehmen und mit ihm zusammen erträumen. Wir sind Kinder des höchsten Gottes und haben somit eine unglaubliche kreative und schöpferische Kraft in uns. Gott hält immer wieder mehr für dich bereit. Öffne dich für diese unglaubliche Kraft Gottes in deinem Leben. Erkenne dein Potential, setze deine Gaben mehr und mehr frei, und du wirst sehen und staunen, wie du über dich hinauswächst.

Damit wir entdecken und erleben können, dass wir auch wirklich über uns selbst hinauswachsen können und werden, hat Gott uns, als er uns geschaffen hat, etwas Geniales mitgegeben: unsere Stimmbänder. Mit unseren Worten können wir entweder Leben kreieren oder Visionen sterben lassen. Was wir über uns aussagen, wird sich früher oder später bewahrheiten und eintreffen. Denn unsere Worte sind wie Gebete, die wir sprechen. Es ist eines, zu denken: »Ich bin bestimmt gesegnet, Gott wird sicher ein Wunder tun, Gott hat mich nicht vergessen, Gott hat einen Plan für mein Leben.« Aber wenn wir es aussprechen, laut sagen und in die Welt hinausposaunen, bekommt es erst wirklich Kraft. Dann kann all das Geniale, was Gott mit uns bewegen und erreichen möchte, auch eintreffen.

Darum möchte ich dich ermutigen, denke nicht nur hoffnungsvoll, sondern sprich laut aus, was Gott alles in deinem Leben und mit dir tun könnte.

Halleluja! Dankt dem HERRN, denn er ist gütig, und seine Gnade bleibt für alle Zeiten bestehen! Das sollen alle sagen, die der HERR erlöst hat, die er aus der Gewalt ihrer Unterdrücker befreit und aus fremden Ländern gesammelt hat, aus Ost und West, aus Nord und Süd. *Psalm 107,1–3 NGÜ*

Wir sehen, wie uns der Schreiber ermutigt, Gott zu loben und zu preisen. Aber nicht mit unseren Gedanken, nein, wir sollen es alle laut sagen! Alle, die der Herr erlöst hat, sollen es laut aussprechen und bekennen. Mit unseren Stimmen sollen wir es in die Welt hinausrufen. Der Schreiber sagt nicht: »Lasst die Erlösten denken, glauben oder hoffen«, nein, wir sollen es sagen.

Tauchen wir tiefer in die Bibel ein, begegnet uns immer wieder die Kraft der Worte. Dies sehen wir schon zu Beginn bei der Schöpfung. Als Gott die Erde, die Tiere und uns Menschen erschuf, lesen wir:

> Da sprach Gott: »Licht entstehe!« ... Dann sprach Gott: »Im Wasser soll ein Gewölbe entstehen, eine Scheidewand zwischen den Wassermassen!« ... Dann sprach Gott: »Das Wasser unter dem Himmelsgewölbe soll sich alles an einer Stelle sammeln, damit das Land hervortritt.« ... Dann sprach Gott: »Die Erde lasse frisches Grün aufsprießen, Pflanzen und Bäume von jeder Art, die Samen und samenhaltige Früchte tragen!« ... Dann sprach Gott: »Am Himmel sollen Lichter entstehen, die Tag und Nacht voneinander scheiden, leuchtende Zeichen, um die Zeiten zu bestimmen: Tage und Feste und Jahre.« ... Dann sprach Gott: »Das Wasser soll von Leben wimmeln, und in der Luft sollen Vögel fliegen!« ... Dann sprach Gott: »Die Erde soll Leben hervorbringen: alle Arten von Vieh und wilden Tieren und alles, was auf der Erde kriecht.« ... Dann sprach Gott: »Nun wollen wir Menschen machen ...« *Aus 1. Mose 1,3–26* GNB

Dann sprach Gott ...! Gott benutzte Worte, und indem er sie aussprach, gab es Licht, gab es Wasser, gab es die Erde, gab es Tiere, Pflanzen und den Menschen – gab es Leben. Seine Worte brachten die Welt in Bewegung, brachten Leben hervor; nicht seine Gedanken! Interessant ist auch, wie Jesus, bevor er als Mensch auf diese Erde kam, in Erscheinung trat:

Am Anfang war das Wort; das Wort war bei Gott, und das Wort war Gott. *Johannes 1,1* NGÜ

Dieses Wort wird dann später im ersten Johannesbrief als Jesus beschrieben. Am Anfang ist immer das Wort. Am Anfang jeglichen Segens, aller Durchbrüche, jedes Wunders steht das Wort. Du magst einen großen Glauben im Herzen haben, doch wird dir dieser nichts bringen, wenn deinem Glauben nicht früher oder später Worte folgen.

Auch diese Verse bringen es schön auf den Punkt:

Wer unter dem Schutz des Höchsten wohnt, darf bleiben im Schatten des Allmächtigen. Darum sage ich zum HERRN: »Du bist meine Zuflucht und meine sichere Festung, du bist mein Gott, auf den ich vertraue.« Ja, er rettet dich wie einen Vogel aus dem Netz des Vogelfängers, er bewahrt dich vor der tödlichen Pest. *Psalm 91,1–3* NGÜ

Wir dürfen bei Gott Schutz suchen. Wir dürfen bei Gott wohnen und in seinem Segen verweilen, und in seinem Schatten werden wir immer wieder erleben, wie Gott uns weiterführen und segnen wird. Doch damit dies geschehen kann, lesen wir von folgender Voraussetzung: »Darum sage ich zum Herrn ...« Dieser Gläubige sagt es. Er spricht aus, was Gott für ihn ist. So dürfen und sollten auch wir laut sagen, wer und was Gott für uns ist. Denk es nicht nur, sag es! Glaub es nicht nur, sondern hauche deinem Glauben Leben ein, indem du ausprichst, was du glaubst.

Gott wird auf unsere Worte reagieren.

Du bist
meine
Zuflucht
und meine
sichere
Festung, du
bist mein
Gott, auf den
ich vertraue.

Er wird uns retten, er wird uns bewahren, er wird uns führen, er wird für uns einstehen!

Ein passender Vergleich wäre auch Folgender: Wenn wir in einen Laden gehen und an der Theke stehen, müssen wir sagen, was wir wollen. Du musst schon sagen, was du möchtest, sonst weiß ja der Verkäufer nicht, was er dir geben soll. Und genau so dürfen und sollten wir auch mit Gott reden. Obwohl Gott unsere Gedanken kennt und alles sieht, hauchen wir mit unseren Worten unseren Wünschen Leben ein, weil die unsichtbare Welt hört, was wir sagen. Wir dürfen aussprechen, was wir brauchen, was wir wollen, was tief in uns als Bedürfnis verborgen ist. Wir dürfen davon sprechen, wie sich unsere Träume erfüllen und bewahrheiten werden. Wir dürfen davon sprechen, was Gott noch alles mit uns tun und verändern kann.

Sag es!

Sage, dass du deine Schulden abbezahlen wirst. Sage, dass du einmal dein eigenes Buch schreiben wirst. Sage, dass du deinen Abschluss bestehen wirst. Sage, dass du erleben wirst, wie sich deine Familie wieder versöhnt. Sage, dass du mal heiraten wirst. Sage, dass deine Kinder ihr Leben mit Gott zusammen führen werden. Sage, dass sich deine Träume erfüllen werden. Sage, dass du mal ein Haus besitzen, erfolgreich sein und das Beste aus deinem Leben herausholen wirst.

Ich weiß, wir sind Meister im Denken. Bloß nicht zu viel sagen, wir wollen ja nicht von Dingen reden, die sich eventuell nicht erfüllen werden. Wir reden lieber von Tatsachen, alles andere denken wir nur. **Doch wir dürfen hier ruhig einen Schritt** weitergehen und all unsere Gedanken, all unsere Wünsche und Sehnsüchte nicht nur in unseren Gedanken wälzen, sondern ihnen Leben einhauchen, indem wir sie aussprechen, sie anderen erzählen und durch unsere Gebete in die Welt hinausrufen.

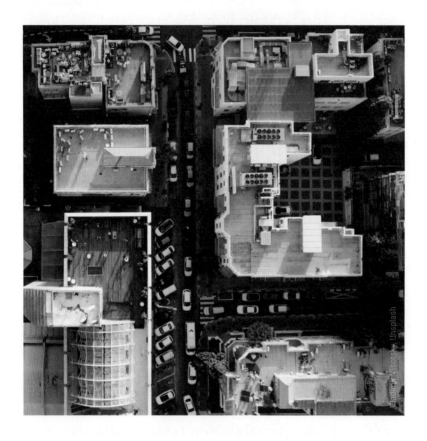

Diese Kraft der Worte entdecken wir auch bei einer Frau aus der Bibel. Sie war schon seit zwölf Jahren krank. Wir lesen, wie sie bei jeglichen Ärzten gewesen war und all ihr Geld ausgegeben hatte, um geheilt zu werden, doch nichts hatte geholfen. Dann eines Tages hörte sie, dass Jesus in ihrer Stadt war. Sie machte sich auf, um ihn zu sehen. Doch wegen der vielen Menschen, die Jesus umgaben, hatte sie keine Chance, ihm zu begegnen. Es kam noch hinzu, dass sie aufgrund ihrer Krankheit vor dem jüdischen Gesetz als unrein galt und sich von anderen Menschen eigentlich fernzuhalten hatte. Doch davon ließ sie sich nicht beirren und irgendwann sah sie doch eine Möglichkeit, zu Jesus vorzudringen, und wie es weiterging, lesen wir hier:

> Nun drängte sie sich in der Menge von hinten an ihn heran und berührte sein Gewand, denn sie sagte sich: »Wenn ich auch nur sein Gewand berühre, werde ich gesund.« Und wirklich, im selben Augenblick hörte ihre Blutung auf, und sie spürte, dass sie von ihrem Leiden geheilt war. *Markus 5,27–29* NGÜ

»... denn sie sagte sich: »Wenn ich auch nur sein Gewand berühre, werde ich gesund« (Vers 28). Sie sagte nicht: »Ich werde nie mehr gesund werden, ich werde niemals erleben, wie ich nach über zwölf Jahren doch noch geheilt werde.« Nein, inmitten ihrer Not, mitten in ihrer Verzweiflung, in ihrer hoffnungslosen Situation, nach unzähligen Versuchen, gesund zu werden, erschöpft und schwach, suchte sie Jesus auf und sagte sich: »Ich muss nur sein Gewand berühren, dann werde ich geheilt.«

Ich kann mir gut vorstellen, dass es für diese Frau nicht einfach war. Sie sah die Menge und realisierte, dass es schwierig sein würde, Jesus zu begegnen. Doch sie blieb nicht stehen und vielleicht sagte sie: »Nur noch wenige Meter. Das ist meine Zeit, das ist mein Moment. Heute berühre ich Jesus und ich werde geheilt!« Und je näher sie kam, umso mehr versuchte eine innere Stimme ihr zu sagen: »Gib besser auf. Das geht nicht. Das alles ist nur eine Illusion, Jesus wird dich nicht wahrnehmen und schon gar nicht heilen. Kehre besser wieder um und geh nach Hause.« Doch sie gab nicht auf und sagte weiter zu sich:»Nur eine Lücke und dann bloß noch ein paar Schritte, und ich werde geheilt.« Sie geht einen Schritt, noch einen und plötzlich gehen die Menschen ein bisschen zur Seite, und genau im richtigen Moment läuft Jesus vorbei und wie bei einem großartigen Filmfinale kann sie ganz kurz sein Gewand berühren. Mehr war nicht nötig, und sie wird geheilt.

Im selben Augenblick merkte auch Jesus, dass eine Kraft von ihm ausgegangen war. Er drehte sich um und fragte die Leute:»Wer hat mein Gewand berührt?« Seine Jünger erwiderten:»Du siehst doch, wie sich die Menschen um dich drängen, und da fragst du:›Wer hat mich berührt?‹« Aber Jesus blickte in der Menge umher, um zu sehen, wer es gewesen war. Zitternd vor Angst trat die Frau vor; sie wusste ja, was mit ihr geschehen war. Sie warf sich vor Jesus nieder und erzählte ihm alles, ohne etwas zu verschweigen.»Meine Tochter«, sagte Jesus zu ihr,»dein Glaube hat dich gerettet. Geh in Frieden! Du bist von deinem Leiden geheilt.« *Markus 5,30–34* NGÜ

In dieser Geschichte lernen wir: Das, worauf wir uns zubewegen und was wir mit unseren Worten beleben, das wird früher oder später auch geschehen.

Wenn du immer wieder sagst:»Meine Kinder werden nicht mehr zu Jesus zurückfinden, ich habe halt immer Pech, ich werde mein Glück nicht mehr finden, das Leben ist hart zu mir, ich werde nie mehr gesund werden«, bewegst du dich auf all das Unglück, den Schmerz und das Pech zu. Doch wenn du es wie die Frau machst und sagst:»Gott kann und wird mich heilen. All das, was ich im Moment erlebe, ist nur eine Zwischenstation. Neues Glück und neuer Segen warten auf mich.

Ich gebe meine Kinder, meine Träume, meine Zukunft nicht auf. Gott kann ein Wunder tun. Ich werde Gottes Größe sehen«, dann wird Wunderbares geschehen!

Sprich von deiner Zukunft.

Nutze deine Worte nicht nur dazu,

um deine Gegenwart zu beschreiben,

sondern nutze sie, um von deiner

Zukunft zu sprechen.

Und gib mit deinen Worten all dem Segen die Berechtigung, in dein Leben zu kommen!

Gott sagt in der Bibel sinngemäß immer wieder Folgendes zu uns: **»Wenn du mich nicht mehr limitierst, werde ich dich mit meiner Kraft und meinen ungeahnten Möglichkeiten überraschen!«**

Gott rettete Noah und somit die Menschen vor dem endgültigen Untergang, indem er ihn motivierte, eine Arche zu bauen. Gott versprach Abraham und Sara, dass sie trotz ihres hohen Alters noch ein Kind bekommen würden. Gott teilte für Mose und das Volk Israel das Meer, als sie sich auf der Flucht vor den Ägyptern befanden. Gott führte sein Volk in ein neues Land, indem er durch ein Wunder die Mauern der einzunehmenden Stadt zusammenfallen ließ, sodass die Stadt und später das ganze Land ohne Weiteres erobert werden konnte. Gott schenkte der Jungfrau Maria seinen Sohn. Gott gab der ganzen Menschheit die Möglichkeit, ihn kennenzulernen und seine Kraft persönlich zu erleben, indem er seinen Sohn Jesus am Kreuz sterben ließ und ihn danach wieder von den Toten auferweckte. Gott holte Jesus vor den Augen seiner Nachfolger zurück in den Himmel und er erfüllte seine Zeugen für alle sichtbar mit seiner Kraft, dem Heiligen Geist. Gott macht noch heute Kranke gesund, Lahme gehend, Blinde sehend, Zweifelnde glaubend, Ängstliche mutig, Verzweifelte hoffnungsvoll, tote Seelen wieder lebendig und er gibt Ziellosen Orientierung. Für Gott ist absolut nichts unmöglich.

Gott fragt dich: »Gibt es irgendetwas, was zu groß, zu stark, zu gewaltig oder unmöglich für mich wäre?«

Hast du wirklich das Gefühl, dass deine Träume für Gott zu groß seien, um sie wahr werden zu lassen, dass deine

Eheprobleme für Gott zu gewaltig seien, um sie zu reparieren, oder dass du den Rest deines Lebens in deiner Einsamkeit, Depression oder Sucht bleiben müssest, weil Gott dich nicht retten könne? Nein!

Für Gott ist kein Problem zu groß,

keine Beziehung zu kompliziert und

kein Leben zu kaputt, um es nicht retten

oder erquicken zu können.

Öffne und entscheide dich für eine

neue Vision für dein Leben.

Entwickle eine neue Haltung, sprich aus, was du dir wünschst, und du wirst erleben, wie das Unmögliche möglich wird.

»Ich bin der HERR, der Gott aller Menschen.
Sollte mir etwas unmöglich sein?«
Jeremia 32,27 GNB

ICH BIN

»Ich bin gewollt, wertvoll und wunderbar
geschaffen – ein Meisterwerk Gottes. Ich bin
gesegnet, erfolgreich, talentiert und kreativ.
Ich bin frei, fokussiert, diszipliniert und
zuversichtlich. Ich bin geduldig, freundlich und
barmherzig. Ich bin ausgeglichen, zufrieden
und dankbar. Ich bin stark, gesund und fit.
Ich bin ein Kind des höchsten Gottes und weiß,
dass er noch viele positive Überraschungen
für mich bereithält. Ich hole das Beste aus
meinem Leben heraus und werde meinen Lauf
mit Jesus siegreich vollenden.«

Die Kraft deiner »ICH BIN«-Worte

Wir sind von Gott erschaffen worden, um positive Spuren auf dieser Erde zu hinterlassen, um ein Leben in absoluter Fülle zu erfahren, um den Segen, der auf uns wartet, zu entdecken und um das Kraftvolle, das in jedem Einzelnen von uns steckt, freizusetzen.

Wir sind dazu da, die Welt vorwärtszubringen, und für unsere Kinder und die Menschen, die uns begegnen, eine lebendige Inspiration zu sein.

Damit wir jedoch entdecken können, was alles in uns steckt und was Gott noch für uns bereithält, sollten wir damit beginnen, auszusprechen, wer und was wir sind.

Hier kommt das Prinzip meiner »ICH BIN«-Worte ins Spiel. Wir machen einen Fehler und sagen zu uns: »Ich bin so ungeschickt, ungeduldig und undiszipliniert!« Wir schauen in den Spiegel, schütteln den Kopf und wir sprechen Dinge aus wie: »Ich bin so unattraktiv, alt, hässlich, dick ...« Wir sehen, wie unsere Arbeits- oder Schulkollegen ihre Aufgaben auf geniale Art und Weise erledigen oder wie unsere Freunde geschickt die Clique begeistern, beneiden die Talente und Schönheiten anderer und sagen zu uns selbst: »Ich bin dagegen so durchschnittlich, langweilig, untalentiert und gar nicht liebenswert.« Uns geschieht ein Missgeschick, wir bleiben im Stau stecken oder verpassen wieder einmal den Zug und sagen: »Ich bin so ein Pechvogel!« Meistens benutzen wir die kraftvollen »ICH BIN«-Worte auf negative, statt auf positive Weise und verbauen uns so die Zukunft. Denn wenn du sagst: »Ich bin ungeschickt«, wird Tollpatschigkeit in dein Leben kommen. Sprichst du aus: »Ich bin alt und unattraktiv«, gibst du Müdigkeit und Gesichtsfalten die Erlaubnis, bei dir zu hausen. Sagst du: »Ich bin so fett«, dann warten neue Kalorien auf dich. Warum ist das so?

Ganz einfach: **Durch die Worte, die wir über uns aussprechen, erlauben wir deren Inhalt, Raum in uns einzunehmen.** Sind sie negativ, öffnen wir dem Schlechten eine Tür, und früher oder später wird eintreffen, was wir immer über uns ausgesprochen haben.

Doch die gute Nachricht ist, dass wir die Kraft der »ICH BIN«-Worte auch so nutzen können, dass sie sich positiv auf unsere Leben auswirkt. Wenn du also über dich aussprichst: »Ich bin gesegnet!«, dann wird dir der Segen Gottes folgen. Bei Worten wie »Ich bin talentiert!«, wirst du neue Möglichkeiten sehen, neue Talente entdecken oder erleben, wie neue Kraft und Energie in deinem Leben freigesetzt werden. Vielleicht geht es dir körperlich nicht so gut, dann sage trotzdem zu dir: »Ich bin gesund und fit!«, und Heilung wird dich früher oder später erreichen. Denn was wir aussprechen, wird Raum einnehmen. Beginne deshalb, neue und kraftvolle »ICH BIN«-Worte über dich auszusprechen. So gibst du Gott die Erlaubnis, dich mit seinen Möglichkeiten, seinem Segen, seiner Gunst, seinen Ideen und seiner Kraft zu segnen und zu überraschen.

Statt uns auf unsere Schwächen zu fokussieren, sollten wir lernen, auf das Gute, das Kraftvolle und das Schöne an uns und in unserem Leben Gewicht zu legen.

Denn Gott macht es genauso. Wenn er uns anschaut, sieht er nicht das Negative in uns, das Fehlerhafte oder die Sünde. Gott hat uns vergeben und uns gerecht gemacht und legt darauf kein Gewicht mehr. Warum in aller Welt sollten wir Gott in unseren Gebeten immer wieder an unsere Fehler und Schwächen, Makel und Probleme, unser Versagen erinnern, wenn er stattdessen eigentlich auf all das Gute und Kraftvolle in uns schaut?

Ich weiß, es ist nicht einfach, immer vom Guten auszugehen.

Wir alle werden hier und da betrogen, hintergangen oder schlecht behandelt. Menschen, von denen wir dachten, sie meinten es gut mit uns, fallen uns in den Rücken. Beziehungen gehen kaputt und es läuft bei weitem nicht alles so, wie wir es uns vorgestellt haben. Doch gerade in solchen Zeiten ist es wichtig, dass wir unseren Glauben und unsere Hoffnung nicht verlieren. Wir sollten mit unseren Worten nicht nur die Situation beschreiben, sondern sie mit Glauben füllen und mit unseren »ICH BIN«-Worten unsere Zukunft definieren und so die Richtung unseres Lebens neu festlegen. Du kannst sagen: »Ich bin geliebt!«, auch wenn niemand auf deiner Seite ist und sich alle gegen dich stellen. Denn Gott ist für dich, Gott liebt dich und er wird dir neue Möglichkeiten, Beziehungen und Menschen zeigen. Du darfst sagen: »Ich bin ein Meisterwerk Gottes!«, auch wenn es sich nicht so anfühlt und du vor dem Spiegel stehst und nur einen Versager, eine Niete, einen Sünder, einen Zweifler, einen Verlierer siehst. Denn in den Augen Gottes bist und bleibst du seine beste Schöpfung, sein Meisterwerk, mit dem er sich selbst übertroffen hat.

Je mehr du sagst, wer du in den Augen Gottes bist, umso mehr wird sich eine gesunde Selbstsicherheit in dir ausbreiten und du kannst dich über dich und dein Wesen freuen. Du darfst sagen: »Ich bin gesund!«, auch wenn du gegen eine Krankheit ankämpfst und dir unsicher bist, ob es noch Hoffnung auf Heilung gibt. Denn in den Augen Gottes bist du gesund. Heilung und Gesundheit werden sich einstellen, wenn du daran glaubst und es aussprichst. Und wenn aus irgendeinem Grund nicht mehr hier auf Erden, dann wirst du spätestens im Himmel zu 100 Prozent wiederhergestellt sein, jubeln und jegliche Schmerzen, Krankheiten, Depressionen und andere Leiden werden von dir abgefallen sein. Du darfst ausrufen: »Ich bin stark!«, auch wenn du dich schwach, überfordert und limitiert fühlst. Denn in den Augen Gottes bist du ein Sieger und er

sieht schon, wie du in der Zukunft Süchte besiegst, Charakter-
schwächen hinter dir lässt und über dich hinauswächst.

Wir lesen in der Bibel:

> Ruft dies aus unter den Völkern! Heiligt euch zum
> Krieg! Bietet die Starken auf! Lasst herzukommen
> und hinaufziehen alle Kriegsleute! Macht aus euren
> Pflugscharen Schwerter und aus euren Sicheln Spieße!
> Der Schwache spreche: Ich bin stark! Eilt und kommt, alle
> Völker ringsum, und versammelt euch! – Dorthin führe
> du hinab, HERR, deine Starken! *Joel 4,9–11* LUT (2017)

Ruf es aus! Sag es allen! Sag es laut, wer und was du in den Augen Gottes bist. Dieser Vers spricht von der Zeit, bevor Jesus
wiederkommt. Es steht noch eine reiche Ernte aus und Gott
möchte seine Armee, die Gläubigen, bereit dafür machen. Wir
lesen, wie sich die Starken wappnen sollen, und bis zu diesem
Punkt ist ja alles nachvollziehbar. Die Starken, die, die Glauben

haben, sollen gehen. Doch was ist mit den Schwachen? Mit denen, die noch Zweifel haben? Die, die noch nicht alles im Griff haben und gegen Nöte am Kämpfen sind? Die, die noch Krankheiten mit sich herumtragen und gerade noch ein paar Glaubenskämpfe austragen? Die, die noch irgendwo in ihrem Leben anstehen und nicht mehr weiterwissen? Ja, was ist mit denen? Menschen wie vielleicht du und ich? Menschen, die stolpern, die anstehen und die Hoffnung brauchen?

Ganz einfach; wir lesen: »Der Schwache spreche: Ich bin stark!« Gott macht keinen Unterschied, er wirft alle in denselben Topf: die Starken wie die Schwachen, die dank ihren »ICH BIN«-Worten nun stark sind. Alle gehen und werden kämpfen. Anders gesagt, sie werden ihren Lauf vollenden. Hier in dieser Bibelstelle finden wir den Schlüssel: **Die Schwachen werden stark, nicht weil sie hart trainieren, plötzlich alles im Griff haben, ihr Leben endlich auf die Reihe bringen und jetzt endlich bessere Menschen sind, sondern einzig und allein, weil sie es gesagt und ausgerufen haben.** Weil sie es geglaubt haben, weil sie begonnen haben, sich so zu sehen, wie Gott sie schon lange sieht.

Weil du mit deinen Worten aussprichst, was du in den Augen Gottes bist und kannst, werden plötzlich Türen aufgehen, Gott wird dich bewahren, dich weiterführen und dich an Orte bringen, die du dir nie hättest erträumen können. Statt krampfhaft zu versuchen, ein besserer Mensch, Christ, Ehemann, Vater, eine bessere Mutter, Ehefrau, ein besserer Schüler, Chef oder Arbeitnehmer zu werden, nutze einfach die Kraft deiner »ICH BIN«-Worte und erlebe, wie du dich nach und nach automatisch verändern wirst.

Denn deine Worte haben Kraft!

David singt in einem seiner Psalmen:

> Du bist es ja auch, der meinen Körper und meine Seele erschaffen hat, kunstvoll hast du mich gebildet im Leib meiner Mutter. Ich danke dir dafür, dass ich so wunderbar erschaffen bin, es erfüllt mich mit Ehrfurcht. Ja, das habe ich erkannt: Deine Werke sind wunderbar! Dir war ich nicht verborgen, als ich Gestalt annahm, als ich im Dunkeln erschaffen wurde, kunstvoll gebildet im tiefen Schoß der Erde. Deine Augen sahen mich schon, als mein Leben im Leib meiner Mutter entstand. Alle Tage, die noch kommen sollten, waren in deinem Buch bereits aufgeschrieben, bevor noch einer von ihnen eintraf. *Psalm 139,13–16 NGÜ*

Gott hat uns erschaffen. Er hat uns im Leib unserer Mutter gebildet und geformt.

Wir sind kein Produkt des Zufalls, nein, wir sind ein Meisterwerk Gottes.

Ich liebe es, wie diese Erkenntnis David mit einer tiefen Ehrfurcht erfüllte und wie er erkannte und an sich sah, dass er eine unglaubliche Schöpfung Gottes ist. Er erkannte, dass alles, was Gott getan hat und noch tun wird, wunderbar und einzigartig ist. So sind auch wir eine einzigartige und wunderschöne Schöpfung unseres Gottes. Niemand von uns war vor Gott verborgen. Gott hat so viel Gutes in jeden von uns hineingelegt, das nur darauf wartet, von uns entdeckt zu werden. Und wenn wir beginnen, auszusprechen, wie Gott uns sieht, hauchen wir all dem, was noch im Verborgenen liegt, Leben ein und es tritt nach und nach hervor. Mit unserem Statement

Ich kann
die Welt
zum
Positiven
verändern.

des Glaubens wechseln wir die Seite. Wir wechseln von der Verlierer- zur Siegerseite!

Denn du und ich, wir sind Sieger! Nicht weil wir alles haben, nicht weil alles rund und perfekt läuft, nicht weil wir pausenlos gesegnet werden, nicht weil wir stark sind, nie mehr Zweifel haben, gegen keine Krankheit mehr kämpfen oder nie mehr von Nöten und Problemen umgeben sind. Nein, sondern weil wir die Identität, die Gott uns gibt, annehmen und immer wieder aussprechen, wer und was wir in den Augen Gottes sind.

Werde mutig wie David und sage:

»Ich bin einzigartig, wunderschön und genial geschaffen. Ich bin wertvoll, wunderbar, ein Meisterwerk Gottes. Ich kann die Welt zum Positiven verändern.«

Wir alle haben etwas zu geben und die Welt wartet auf unsere Gaben; unser Lachen, unsere Schönheit, unsere Ausstrahlung, unsere Ideen, unsere Kreativität und unsere Barmherzigkeit, die wir weitergeben können. Entdecke, was du in den Augen Gottes bist, sprich es aus und lebe dementsprechend. Wenn wir bereit sind, all den Segen und all das Gute zu entdecken und die Welt um uns herum zu beschenken, wird Gottes alles daran setzen, dass hervorkommt, was in uns ruht.

Im Alten Testament, dem ersten Teil der Bibel, hat Gott sogar die Namen einiger Hauptdarsteller ausgewechselt, damit sie nie vergessen, wer und was sie in den Augen Gottes sind.

Wir sehen dies zum Beispiel bei Abraham. Abraham war ein Mann, der von Gott dazu berufen wurde, sein Land und seine Familie zu verlassen und mit seiner Frau in ein neues Land zu ziehen, das Gott ihnen noch zeigen würde. Zudem versprach Gott ihnen, dass sie einmal Nachkommen hätten, die so zahlreich sein würden wie die Sterne am Himmel. Als Gott Abraham berief, hieß dieser noch Abram, was »erhabener Vater« bedeutet. Gott wusste, dass Abraham sehr schnell den Glauben an ein großes Volk verlieren würde, wenn er ihm nicht einen »Reminder« gäbe. Und so änderte er seinen Namen in Abraham, was so viel bedeutet wie »Vater vieler Völker«. Ab sofort wurde er immer und immer wieder an die Verheißung Gottes erinnert. Rief Sara, seine Frau, nach ihm, hörte er: »Vater vieler Völker, komm essen! Vater vieler Völker, den Abfall nicht vergessen! Vater vieler Völker, könntest du noch den Wasserhahn reparieren, er tropft wieder. Vater vieler Völker!« So vergaß er nie seine Bestimmung, denn er wurde täglich daran erinnert, dass Gott ihnen noch einen Sohn schenken und dass aus diesem ein großes Volk entstehen würde.

Auch Sara erlebte, wie Gott ihren Namen änderte. Aus Sarai, was »aus fürstlichem Haus« bedeutet, wurde Sara, was die Bedeutung »Fürstin, vornehme Frau und Prinzessin« hat. Dieser Namenswechsel war wichtig für Sara, denn sie war inzwischen 80 Jahre alt und konnte keine Kinder bekommen. Zu jener Zeit waren die Frauen allein schuld, wenn es keine Kinder gab. Kinder waren nicht nur wichtig, um den Stammbaum zu sichern, sondern waren auch ein Statussymbol und zentral für die Identität der Frauen. Sarai fühlte sich alles andere als »fürstlich«. Sie blieb kinderlos, was als eine große Schande galt. Ich kann mir gut vorstellen, dass sie sich selbst anklagte und dachte:»Ich bin nichts wert, ich bin nicht brauchbar. Ich bin nicht einmal fähig, meinem Mann einen Nachkommen zu schenken, ich bin eine Versagerin!«

Doch Gott hatte Sara nicht vergessen, änderte kurzerhand ihren Namen und sagte damit zu ihr:»Sara, du bist jetzt meine

Fürstin, meine Prinzessin!« Jedes Mal, wenn sie nun ihren Namen rufen hörte, wusste sie, dass sie keine Verliererin war. Sie war jetzt eine Fürstin, die Prinzessin des höchsten Gottes, ein Meisterwerk Gottes und ER würde sie fürstlich behandeln und ihr den versprochenen Sohn schon noch schenken. Und genau das passierte dann auch:

> Der HERR dachte an Sara und tat an ihr, was er angekündigt hatte. Sie wurde schwanger und gebar Abraham noch in seinem Alter einen Sohn. Es war genau zu der Zeit, die Gott angegeben hatte. *1. Mose 21,1–2* GNB

Der Herr dachte an Sara und genau zur festgesetzten Zeit, zu der Zeit, die Gott schon lange vorbereitet hatte, bekam Sara ihren langersehnten Sohn und ihre Ehre war wiederhergestellt. So wie Gott an Sara dachte, denkt er auch an dich und wird zu genau der Zeit, die er schon lange festgesetzt hat, seine Versprechen an dich erfüllen, seine Verheißungen wahr werden lassen, dir die Tür öffnen und dir das ersehnte Wunder schenken. Denn wir sind Gottes Meisterwerk und so betrachtet er uns auch. Er sieht das Gute, er sieht die Verheißung, die uns gilt, und er sieht unseren Durchbruch; er sieht unsere gesegnete Zukunft.

Darum lege auch du das Gewicht auf das Gute und nicht auf das Schlechte! Es ist wie bei einer Waage – wir entscheiden jeden Morgen neu, immer wieder, was wir auf die Waagschale legen: entweder das Schlechte, das Hoffnungslose und die deprimierenden Gedanken oder aber die Hoffnung, das Gute und die Zusagen Gottes für unser Leben. Entscheide dich für eines.

Wenn wir also davon ausgehen, dass Gott von uns begeistert ist, immer unser Bestes im Sinn hat und uns ehrt, dann bedeutet das auch, dass Gott uns Gewicht gibt, seinen Schwerpunkt bei uns setzt. Denn das Wort »ehren« bedeutet im biblischen Hebräisch auch »gewichten« oder »schwer sein«. Gott gibt uns als Menschen Gewicht, indem er uns mit Gaben, Träumen und einem riesigen Potential »beschwert«. Er »gewichtet« dich und mich als sein Gegenüber, als ein Wesen, das ihm ähnlich ist. Er legt das Gewicht nicht auf unsere Taten, unsere Sünden oder unsere Schwächen. Und genau deshalb sollten auch wir beginnen, den Schwerpunkt auf das Gute zu legen, indem wir kraftvolle »ICH BIN«-Worte über uns aussprechen.

Ich möchte dich dazu ermutigen, die folgenden »ICH BIN«-Worte über dich und dein Leben auszusprechen. Mache die Worte zu deinen eigenen, verändere dein Denken, und du wirst erleben, wie der Segen Gottes dir folgen wird, wie Verheißungen sich plötzlich erfüllen und wie Türen sich öffnen werden. Menschen werden gerne mit dir zusammen sein, Zufriedenheit und Freude werden zu deinen Begleitern und du strahlst stets Hoffnung aus, ganz gleich, in welcher Lebenslage du gerade steckst.

»Ich bin gewollt, wertvoll und wunderbar geschaffen, ein Meisterwerk Gottes. Ich bin gesegnet, erfolgreich, talentiert und kreativ. Ich bin frei, fokussiert, diszipliniert und zuversichtlich. Ich bin geduldig, freundlich und barmherzig. Ich bin ausgeglichen, zufrieden und dankbar. Ich bin stark, gesund und fit. Ich bin ein Kind des höchsten Gottes und weiß, dass er noch viele positive Überraschungen für mein Leben bereithält. Ich hole das Beste aus meinem Leben heraus und werde meinen Lauf mit Jesus siegreich vollenden.«

Du bist gewollt! Du bist kein Kind des Zufalls. Du bist eine Schöpfung des allmächtigen Gottes, der dich bewusst zu dieser Zeit, in deinem Umfeld und mit deiner Persönlichkeit geschaffen hat. Er hat Potential und Träume in dich hineingelegt, die er mit dir zusammen ausleben möchte. Er ist dein größter Fan und hat noch so viel mit dir vor.

Gott wartet jeden Tag von neuem auf dich, um sich mit dir zusammen auf das Abenteuer deines Lebens zu begeben.

Du bist gewollt und geschaffen, um zu leben, zu inspirieren, zu bewegen, zu lachen, zu weinen, zu empfangen und zu geben. Du bist ein Kind des höchsten Gottes. Du bist du und das ist gut so. Erlebe die Gunst Gottes, die jeden Tag wieder auf dich wartet.

Ich wünsche dir Gottes Segen, Gottes Freude, Gottes Gunst, **jeden Tag von neuem.**

Von Herzen

Konrad Blaser

Ich, _____ , entscheide mich für ein Leben mit Gott:

»Lieber Gott, ich erkenne, dass ich dich brauche und mein Leben nicht alleine meistern kann. Ich bin ein Mensch mit Fehlern und brauche deine Gnade und Vergebung. Ich gebe dir all meine Verletzungen, meine Fehler und Ängste hin. Danke, dass du mir vergibst. Jesus, ich vertraue dir mein Leben an. Danke, dass du ab jetzt Teil meines Lebens bist und mir immer mehr zeigst, was du alles für mich bereithältst und was du über mich und mein Leben denkst. Danke, dass du mir hilfst, dir bis ans Ende meines Lebens nachzufolgen. Amen!«

Hast du dieses Gebet zum ersten Mal gebetet? Dann schreibe an yes@hopeandlife.ch – wir freuen uns, von dir zu hören.

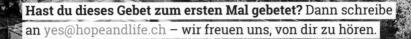

Konrad Blaser ist Pastor und leitet zusammen mit seiner Frau Andrea die HOPE & LIFE CHURCH. Gemeinsam haben sie zwei Kinder.

Seit mehr als 20 Jahren bauen Konrad und Andrea leidenschaftlich Kirche. Ihr Traum war und ist es bis heute, eine Kirche zu bauen, die am Puls der Zeit ist, die einen Unterschied in der Gesellschaft macht und die lebendig und relevant ist.

Konrad Blaser ist ein leidenschaftlicher Prediger und gibt dabei die Botschaft von Gottes Gnade und Hoffnung auf einfache, nahbare Weise weiter. Mit seiner visionären Art sieht er immer wieder neue Möglichkeiten in Menschen und Situationen und ist begeistert von einem Gott, dem nichts unmöglich ist.

Mehr Erfrischendes von Konrad Blaser:

 Website
konrad-blaser.com

 YouTube
Schweizerdeutsch

 YouTube
Deutsch

 Spotify

 Bible-App

 Instagram

 Facebook

 Apple Podcast

Kraftvolle Worte

Konrad Blaser, 2022, ISBN 978-3-95933-224-8

»Wenn wir erleben wollen, wie sich unsere Träume erfüllen, wie wir das Beste aus unserem Leben herausholen und wie sich Gottes Gunst in unserem Leben ausbreitet, sollten wir uns Gedanken über den Inhalt unserer Worte machen. Denn die Worte, die wir über uns und unser Umfeld aussprechen, definieren schließlich die Richtung, die wir in unserem Leben einschlagen. Sprich deshalb vom Sieg, von Gottes Größe und dem, was Gott über dich denkt.«

Dieses Buch soll dich motivieren, wieder oder zum ersten Mal wirklich zu sehen, zu glauben und davon zu träumen, was Gott alles mit dir bewegen möchte.

Blogbook

Blogbook (Woche 1–26), Konrad Blaser, 2020, ISBN 978-3-95933-170-8
Blogbook, Part 2 (Woche 27–52), Konrad Blaser, 2021, ISBN 978-3-95933-172-2

Die beiden Blogbooks von Konrad Blaser sind voller Inspiration für den Alltag. Über je ein halbes Jahr lang kannst du Woche für Woche, Montag bis Freitag lebensbejahende und hoffnungsvolle Gedanken lesen.

Sie helfen dir, deinen Fokus täglich neu auf Gott zu richten, die Grenzen deines Denkens zu sprengen, mutige Gebete zu beten, Gottes Größe anzuerkennen, mit ihm verbunden zu bleiben und alles von ihm zu erwarten. Entdecke neue Träume für dein Leben, lass dich mit Liebe und Mut erfüllen und erlebe, dass du Gott jeden Tag neu vertrauen kannst.

Segen wird kommen

Konrad Blaser, 2020, ISBN 978-3-95933-156-2

»Gott hat dich nicht vergessen, auch wenn du dich so fühlst. Gott sieht dich. Gott hat immer dein Bestes im Sinn und hält noch so viel Gutes für dich bereit. Neue Abenteuer, die gelebt werden wollen. Segen, der entdeckt werden will. Gottes Gunst, die dich überraschen will. Trockenes Land wird gewässert und tote Bereiche in dir leben langsam wieder auf.«

Dieses Buch ermutigt dich, an Gott festzuhalten. Es stärkt deinen Glauben und hilft dir, Gott auch dann zu vertrauen, wenn alles hoffnungslos scheint. Gib nicht auf und erwarte jeden Tag neue Wunder. Gott will dich mit seiner Gegenwart beschenken und dir zeigen, wie du für Großes beten und groß träumen kannst.

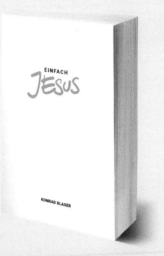

Einfach Jesus

Konrad Blaser, 2019, ISBN 978-3-95933-126-5

Wenn wir uns von unseren Fragen, unseren Zweifeln und unserer Hoffnungslosigkeit lösen und einfach nur Jesus suchen, werden wir neue Hoffnung finden. Wir werden Gott sehen, wir werden den Sinn und Zweck unseres Lebens erkennen. Unser Dasein gewinnt an Fülle. Heilung kann kommen und Gottes Kraft wird durch unser Leben sichtbar. Einfach Jesus.
Nicht mehr und nicht weniger.

Wann immer wir es schaffen, uns auf Jesus zu fokussieren, ihn zu suchen und zu erkennen, werden wir auch alles andere finden. Wir werden uns finden. Wir werden das Leben finden. Wir werden Antworten finden. Einfach Jesus. Mehr brauchen wir nicht.